Massimo Vignelli

DER VIGNELLI KANON

Der Vignelli Kanon
Massimo Vignelli

Design: Massimo Vignelli mit Beatriz Cifuentes-Caballero
Übersetzung: Kristina Brigitta Köper
Lektorat: Michael Ammann
Korrektorat: Ellen Mey
Lithografie: connova GmbH, Appenweier, Deutschland
Druck und Bindung: fgb freiburger graphische betriebe, Freiburg, Deutschland

Lars Müller Publishers
Baden, Switzerland
www.lars-muller-publishers.com

ISBN 978-3-03778-268-2

Also available:
The Vignelli Canon, *ISBN 978-3-03778-225-5 (English Version)*

Printed in Germany

9 8 7 6 5 4 3 2 1

Dieses Buch widme ich von ganzem Herzen Lella, meiner Frau und Partnerin im Beruf. Seit den frühesten Anfängen unseres Berufslebens verbinden uns gemeinsame intellektuelle Erfahrungen und ein gemeinsamer Wachstumsprozess. Ihre kreative Intuition und ihr scharfes Urteilsvermögen haben mein Leben bereichert. Sie bilden das Fundament unserer Zusammenarbeit, ohne die mein Schaffen so viel weniger wert wäre.

Einführung

Angeregt vom Herausgeber dieses Buches, begann ich mich mit dem Sinn einer Publikation wie dieser auseinanderzusetzen. Mir wurde klar, dass sie hilfreich sein könnte, um zu verstehen, welche Rolle die Typografie im Grafikdesign spielt. In diesem kleinen Buch sind unsere persönlichen Richtlinien versammelt – die wir uns selbst gegeben haben.

In meiner Tätigkeit als Dozent habe ich in verschiedenen Situationen feststellen müssen, dass es bei jungen Grafikern einen Mangel an grundlegenden typografischen Prinzipien gibt. Und so dachte ich mir, es könnte sinnvoll sein, etwas von meiner beruflichen Erfahrung weiterzugeben, in der Hoffnung, diesen Gestaltern eine Hilfestellung zu bieten. Kreativität muss durch Wissen gestützt werden, um sich optimal entfalten zu können. Es ist nicht das Anliegen dieses Buches, Kreativität einzuschränken oder auf eine Handvoll von Regeln zu reduzieren. Was gute Gestaltung behindert, sind nicht etwa Regeln, sondern ein mangelndes Verständnis für die Komplexität des gestalterischen Handwerks. Wir müssen unseren Verstand nutzen, um die jeweils richtigen Regeln anzuwenden und damit das gewünschte Ergebnis zu erzielen.

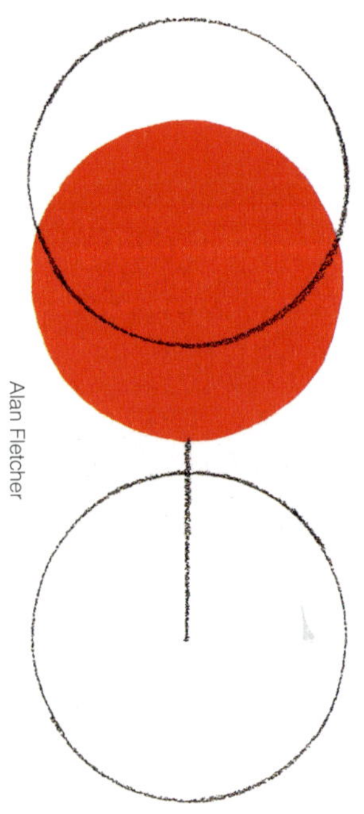

Alan Fletcher

Ich denke gern zurück an jene Augenblicke, in denen ich etwas Neues über Typografie lernen konnte – ob nun von einem grossen Meister oder durch Kollegen. Von meinen Schweizer Kollegen habe ich diszipliniertes Design gelernt, von meinen amerikanischen Kollegen ein Gespür für den Weissraum, von meinen deutschen Kollegen die eindrucksvolle Wirkung verschiedener Schriften, von meinen englischen Kollegen den Witz und vieles mehr von Kollegen in aller Welt. Dieses wunderbare Gefühl der Bereicherung entsteht durch neue Entdeckungen, neue Möglichkeiten, dasselbe nun auf bessere Weise tun zu können als bisher. Ich hoffe sehr, dass dieses Buch ein solches Gefühl vermitteln kann, oder zumindest jene Richtlinien bestätigt und bekräftigt, die wir Gestalter uns selbst gern setzen.

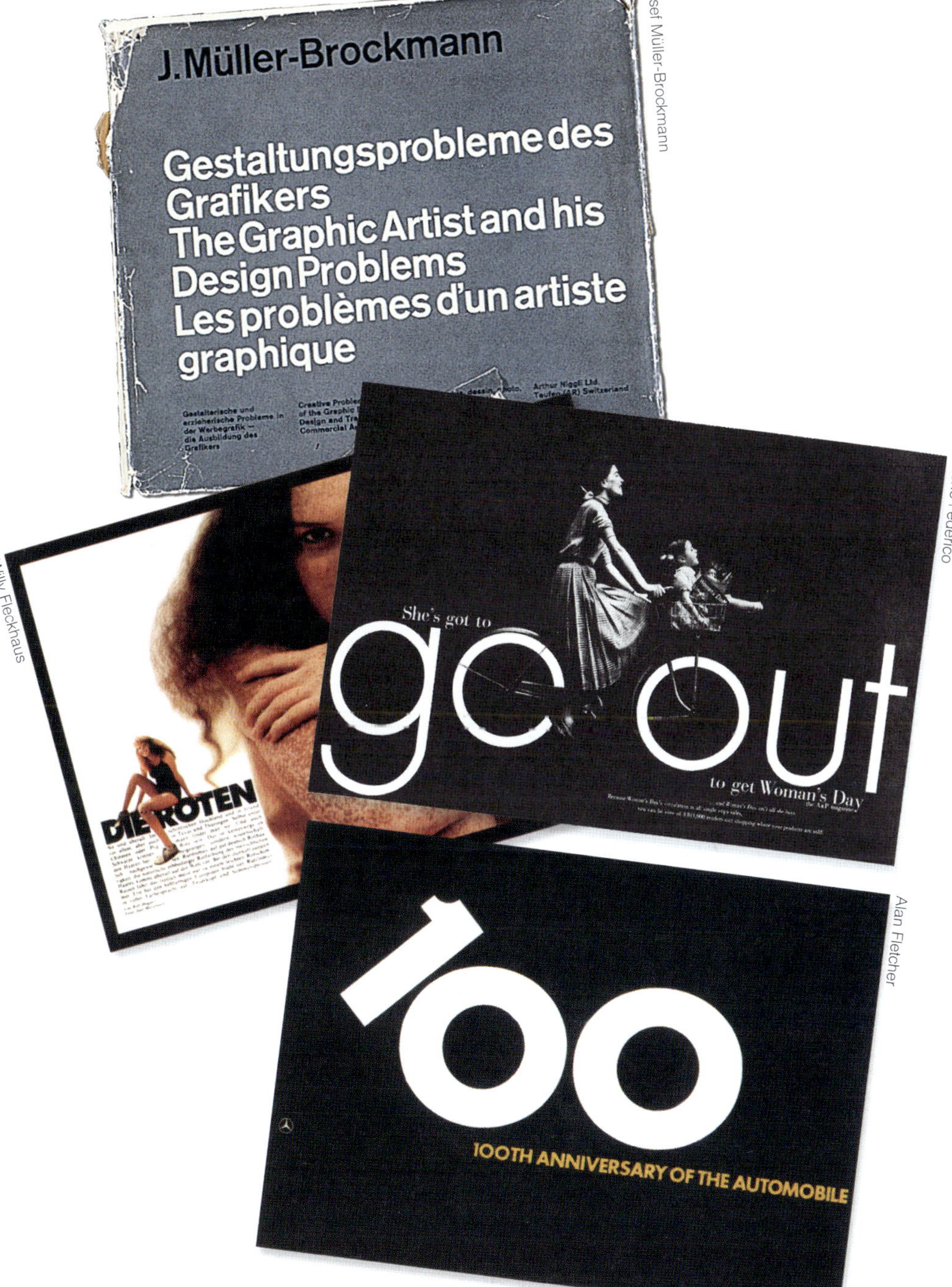

Josef Müller-Brockmann

Gene Federico

Willy Fleckhaus

Alan Fletcher

Teil Eins
Das Abstrakte

Semantik

In der Gestaltung sind mir schon immer drei Aspekte besonders wichtig gewesen: Semantik, Syntax und Pragmatik.

Schauen wir sie uns der Reihe nach an. Semantik heisst für mich die Suche nach der Bedeutung dessen, was wir zu gestalten haben, ganz gleich worum es sich handelt. Wenn ich einen neuen Auftrag beginne – ob nun im Grafik- oder Produktdesign, in der Ausstellungs- oder Innenarchitektur –, suche ich zuallererst nach der Bedeutung. Ein Einstieg kann eine Auseinandersetzung mit der Geschichte des Themas sein. Sie hilft, das Projekt besser zu verstehen und herauszufinden, in welche Richtung sich der neue Entwurf am besten entwickeln lässt. Je nachdem, um welches Thema es sich handelt, kann diese Suche in verschiedene Richtungen gehen. Vielleicht braucht man mehr Informationen zur Firma, zum Produkt, zum Stellenwert der Thematik am Markt, über Wettbewerber, Zielsetzung und Endverbraucher. Oder Informationen zum Thema selbst und dessen semantische Wurzeln. Bei jeder Art von Gestaltung kann ein befriedigendes Ergebnis nur erzielt werden, wenn wir Zeit in die Suche nach der genauen, wesentlichen Bedeutung investieren, uns eingehend mit ihrer Komplexität befassen, ihre Mehrdeutigkeit ergründen und den Kontext ihrer Anwendung durchschauen. So lässt sich genauer definieren, nach welchen Parametern wir uns richten müssen. Darüber hinaus sollten wir unserer Intuition folgen und unsere analytischen Fähigkeiten nutzen, um das, was unsere Recherchen ergeben, zu filtern. Auf diese Weise können wir die Aufgabe, die sich uns stellt, spezifisch formulieren. Die Semantik ist die entscheidende Grundlage für die richtige Herangehensweise an ein Projekt – worum auch immer es sich handeln mag. Früher oder später wird die Frage nach der Semantik für den Designer zur zweiten Natur; sie wird zum essenziellen Aspekt des Gestaltungsprozesses, ja zum selbstverständlichen Ausgangspunkt für Gestaltung schlechthin. Aus der Semantik ergibt sich die jeweils angemessenste Form für ein gegebenes Thema, die wir natürlich unseren Absichten entsprechend interpretieren oder variieren können. Nichtsdestoweniger ist es entscheidend, immer wieder den Kern unserer semantischen Suche herauszuarbeiten – ein komplexer, in erster Linie intuitiver Prozess. Nur so gewinnt der Entwurf auf unangestrengte und selbstverständliche Weise den erforderlichen kognitiven Hintergrund. Es ist wie mit Musik: Hören wir ihren Klang, wissen wir nicht, welche Vorgänge der Komponist durchlaufen hat, um zu seinem Ergebnis zu kommen. Gestaltung ohne Semantik ist oberflächlich und belanglos. Doch leider ist sie weit verbreitet. Gerade deshalb ist es für junge Designer so wichtig zu lernen, an den Gestaltungsprozess auf richtige Art und Weise heranzugehen – es ist die einzige Möglichkeit, wirklich gewinnbringend zu arbeiten.

Semantik in der Gestaltung bedeutet, die Themenstellung in all ihren Facetten zu erfassen; das Thema so auf Sender und Empfänger zuzuschneiden, dass es für beide Sinn macht. Das heisst, etwas zu gestalten, das keine beliebige Bedeutung hat; etwas, das es aus gutem Grunde gibt; etwas, das diese Bedeutung bis ins Detail transportiert oder einen ganz bestimmten Zweck hat und auf ein spezifisches Ziel gerichtet ist. Wie oft sehen wir Design, dem jede Bedeutung fehlt: Streifen oder Farbkleckse, wahllos über das Papier verteilt. Das ist entweder sinnlos oder – wenn es gezielt gemacht wird – unfassbar vulgär, um nicht zu sagen kriminell. Leider gibt es Gestalter und Marketingspezialisten, die den Konsumenten gezielt unterschätzen. Sie gehen davon aus, dass das Vulgäre die Massen besonders fasziniert, und überschwemmen den Markt mit einer unablässigen Flut von geschmacklosem und vulgärem Design. Ich halte dieses Vorgehen für kriminell, weil es eine visuelle Verschmutzung erzeugt, die unsere Umwelt entwertet, wie jede andere Form von Verschmutzung auch. Nicht alle herkömmlichen Kommunikationsformen sind zwangsläufig vulgär, aber es kommt sehr häufig vor. Vulgarität impliziert die unverhohlene Absicht, Ausdrucksformen zu nutzen, die jede Form tradierter Kultur ignorieren und umgehen. In unserer Zeit wird es immer schwieriger, ehrliche Formen alltäglicher Kommunikation zu finden, wie es sie in der vorindustriellen Welt noch gab.

Syntax

Mein grosser Mentor Mies van der Rohe hat einmal gesagt: «Gott steckt im Detail». Das ist das zentrale Anliegen der Syntax: Sie ist die Disziplin, die die korrekte Anwendung der Grammatik bei der Bildung von Sätzen, der Artikulation einer Sprache bestimmt – auch im Design. Die Syntax einer Gestaltung besteht aus zahlreichen Elementen, die sich aus dem Projekt ergeben. Im Grafikdesign etwa sind dies die Gesamtstruktur, der Raster, die Schriftarten, der Text und seine Überschriften, die Abbildungen etc.
Die Schlüssigkeit eines Entwurfs ergibt sich aus dem stimmigen Zusammenspiel seiner syntaktischen Elemente: Etwa daraus, wie sich die Schriften zum Raster und den Abbildungen verhalten, und das auf jeder Seite des gesamten Projekts. Oder daraus, wie sich die verschiedenen Schriftgrössen zueinander verhalten; wie sich die Bilder zueinander und die einzelnen Bestandteile zum Ganzen verhalten. Es gibt hilfreiche Methoden, dies alles zu erreichen, und andere, die man vermeiden sollte.

Eine korrekte Syntax ist im Grafikdesign, wie bei allen Bestrebungen des Menschen, von allergrösster Bedeutung. Zu den Werkzeugen, mit deren Hilfe Gestalter syntaktische Stimmigkeit im Grafikdesign erzielen können, gehört unter anderem der Raster.

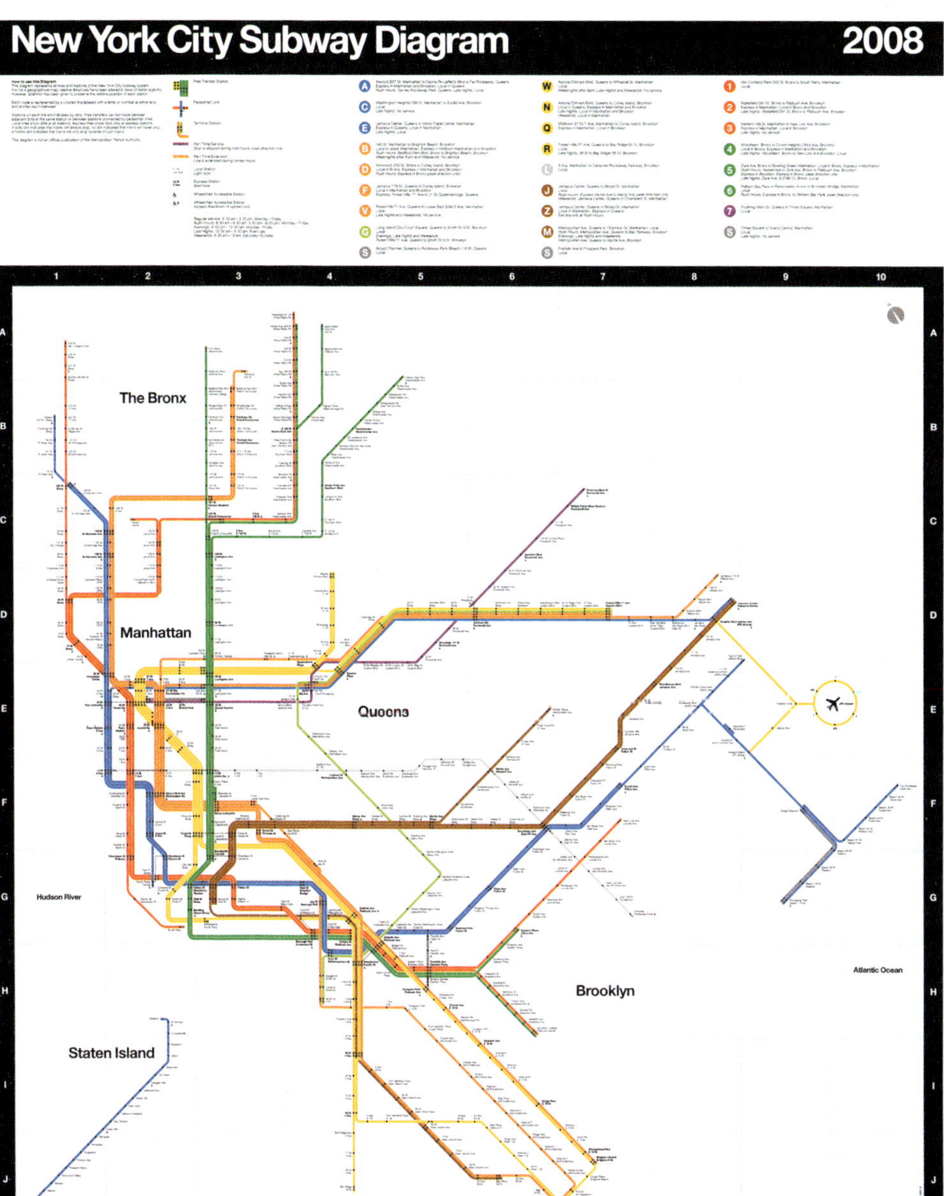
New York City Subway Diagram
2008
The Bronx
Manhattan
Queens
Brooklyn
Staten Island
Hudson River
Atlantic Ocean

Pragmatik

Wenn man das, was wir tun – ganz gleich, was es ist –, nicht verstehen kann, ist unsere Kommunikation gescheitert, haben wir vergebens gearbeitet. Wir gestalten Dinge, die wir für semantisch korrekt und syntaktisch stimmig halten, doch wenn nach unserer Umsetzung keiner das Ergebnis oder den Sinn unserer Bemühungen versteht, nützt alle Arbeit nichts. Manchmal braucht es nur ein wenig Erklärung; besser aber, man kommt ohne sie aus. Jedes Objekt sollte in aller Klarheit für sich stehen können. Tut es das nicht, wurde etwas Entscheidendes übersehen. Das visuelle Ergebnis jeglicher Gestaltung ist ein Nebeneffekt der Klarheit (oder ihres Mangels) im Gestaltungsprozess. Zum Verständnis eines beliebigen Projekts und dessen Gelingen muss man Ausgangspunkt und Prämissen begreifen. Eine klare Zielsetzung führt zu einem klaren Ergebnis: Das ist von äusserster Wichtigkeit in der Gestaltung. Konfuses, kompliziertes Design zeugt von ebenso konfusem wie kompliziertem Denken. Wir lieben das Komplexe, hassen aber Komplikationen!

Das gesagt, muss ich hinzufügen, dass wir kraftvolles Design mögen. Design ohne Struktur gefällt uns nicht. Wir wollen Design von intellektueller Eleganz – eine intellektuelle Eleganz, kein vornehmes Gehabe, Eleganz als Gegenpol zum Vulgären. Wir wollen Design jenseits modischer Erscheinungen und kurzlebiger Trends. Wir wollen möglichst zeitloses Design. Wir verachten die Kultur des Überflüssigen. Wir fühlen uns verpflichtet, Dinge zu gestalten, die lange halten.

Mit diesen Werten gehen wir jeden Tag aufs Neue an die Gestaltung, worum es auch gehen mag: um Zwei- oder Dreidimensionales, Grosses oder Kleines, Aufwendiges oder Bescheidenes. Gestaltung ist eins!

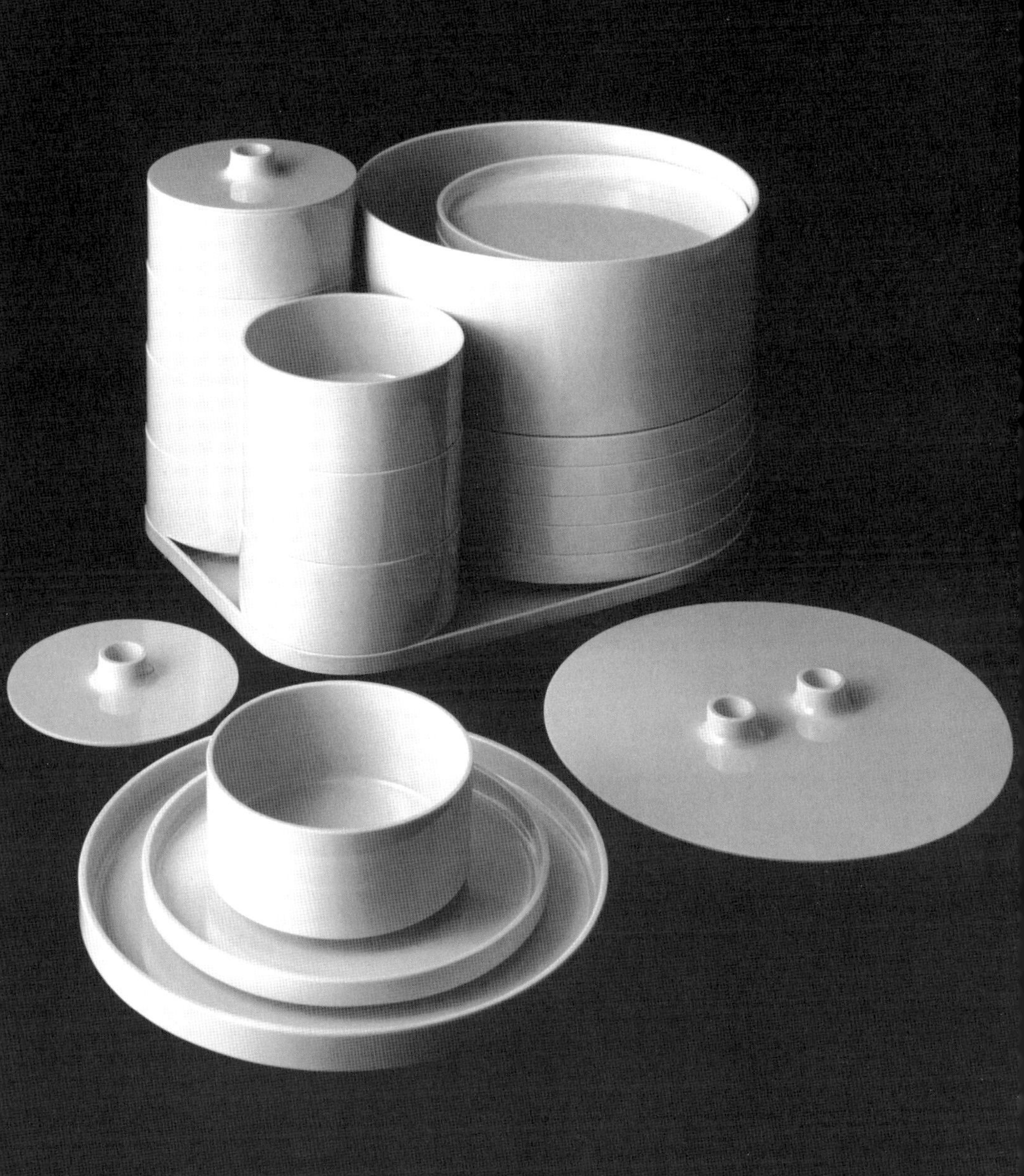

Disziplin

Aufmerksamkeit für das Detail verlangt Disziplin. Für Nachlässigkeit, Unachtsamkeit und Aufschieberei ist hier kein Platz. Jedes Detail zählt, schliesslich ist das Ergebnis die Summe aller Details des kreativen Prozesses, egal was wir tun. Wenn es um Qualität geht, gibt es keine Abstufungen. Qualität ist vorhanden oder eben nicht, und wenn sie fehlt, haben wir unsere Zeit verschwendet. Es geht um Engagement; der kreative Prozess ist eine Anstrengung, die konsequenten Einsatz erfordert – dem sollten wir uns stellen. Genau das ist Disziplin. Ohne sie ist kein gutes Design möglich, Stil hin oder her. Disziplin beruht auf Regeln, die wir uns selbst setzen, Parametern, nach denen wir arbeiten. Sie ist ein Satz von Hilfsmitteln, die uns erlauben, von A bis Z konsequent zu sein. Disziplin ist darüber hinaus eine Haltung, die unsere kreative Arbeit lenkt und unserem Schaffen Stringenz gibt, damit Brüche vermieden werden.

Gestaltung ohne Disziplin bedeutet Anarchie und unverantwortliches Handeln.

Angemessenheit

Der Begriff der Angemessenheit ergibt sich aus dem bisher Gesagten. Sobald wir uns mit den Wurzeln dessen, was wir gestalten, auseinandersetzen, stecken wir auch den Bereich möglicher Lösungen ab, die der jeweiligen Aufgabenstellung angemessen sind. Im Grunde könnte man sagen, dass Angemessenheit die Suche nach dem spezifischen Charakter einer beliebigen Aufgabenstellung ist. Diesen zu erfassen hilft uns, falsche Richtungen oder alternative Lösungswege zu vermeiden, die nirgendwohin, oder, schlimmer noch, zu falschen Lösungen führen.

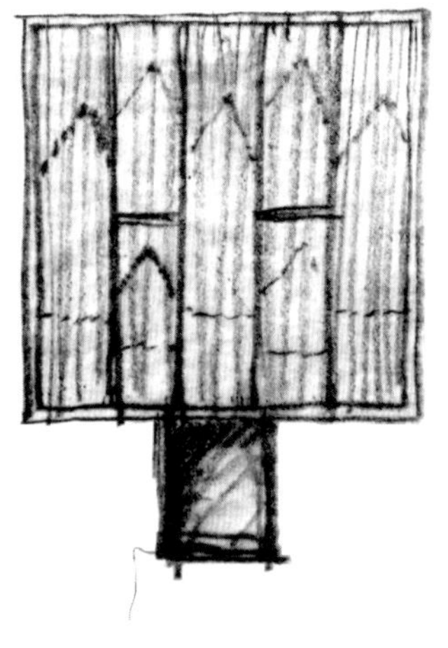

Nach Angemessenheit zu fragen hilft uns bei der Wahl der richtigen Medien, der richtigen Materialien, der richtigen Grössenverhältnisse, des richtigen Ausdrucks, der richtigen Farbe und Textur. Ist die Aufgabe angemessen gelöst, wird der Auftraggeber begeistert zustimmen, wenn er das Ergebnis sieht. Angemessenheit ist keine Frage des Stils – es gibt viele Möglichkeiten, viele Ansätze wie man eine Aufgabe lösen kann, doch entscheidend ist, dass die Lösung angemessen ist. Ich glaube, wir müssen ein feines Gespür dafür entwickeln, was ein Objekt sein will, statt es willkürlich in ein Korsett zu zwingen. Natürlich gilt es auch andere Regeln zu berücksichtigen, um die rechte Stimmigkeit in unseren Entwürfen zu erreichen. Doch zumindest für mich ist die Frage nach der Angemessenheit von Belang; sie entscheidet häufig, wie das zu gestaltende Projekt letztendlich aussehen wird. Dieser Aspekt ist ein Grundprinzip in unserem Kanon.

«Appropriieren», ein Begriff, der dem englischen Wort für Angemessenheit («appropriateness») nahe steht, bedeutet im postmodernen Sinne, sich etwas anzueignen und zu verändern, indem man es in einen anderen Kontext setzt. Wir halten diese Art von «Appropriation» durchaus für eine Option, solange sie angemessen ist – sie ist letztlich nur eine weitere Möglichkeit ein Problem zu lösen oder seine Kreativität unter Beweis zu stellen.

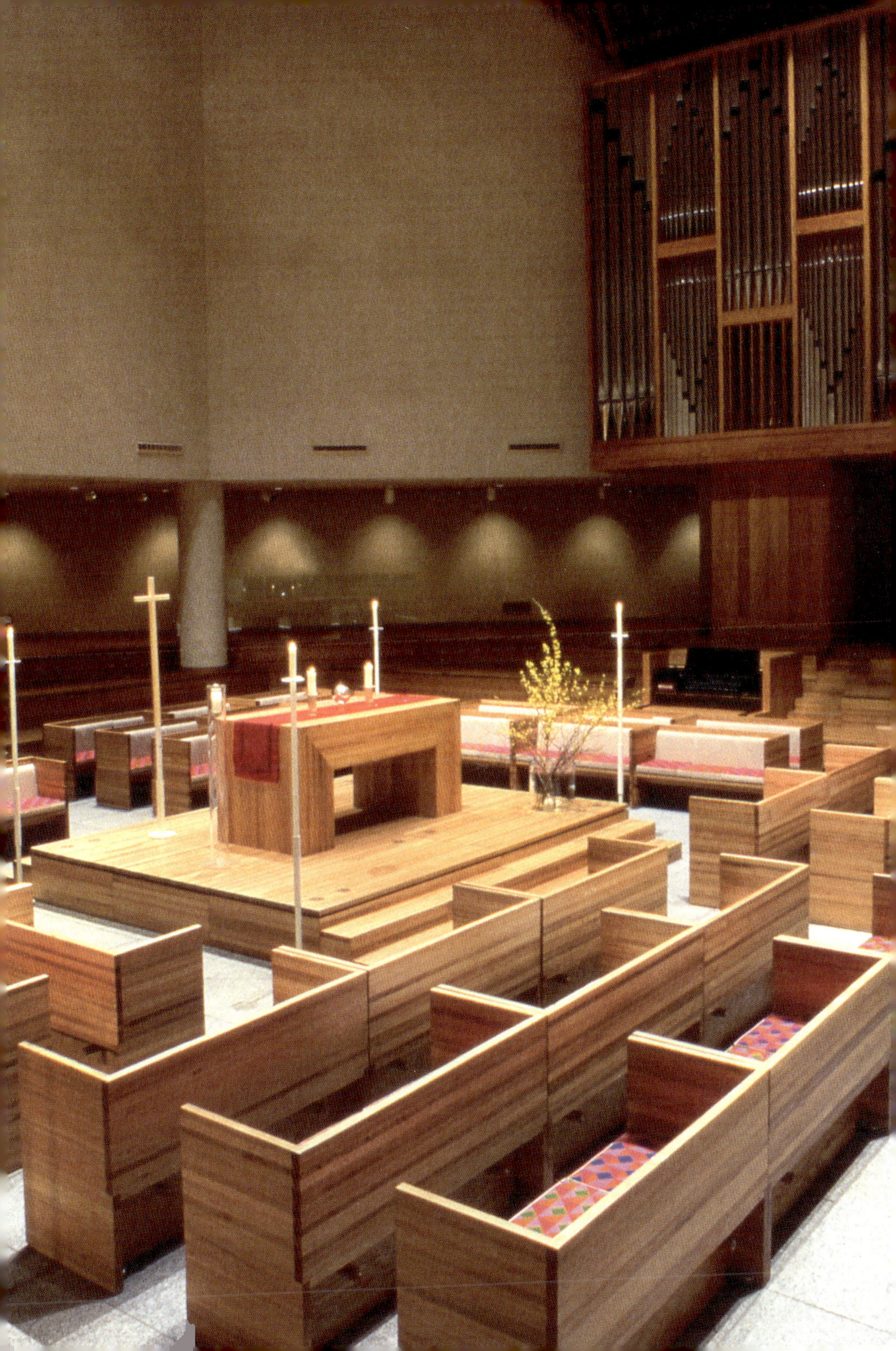

Mehrdeutigkeit

Ich sehe Mehrdeutigkeit nicht negativ, als Form von Vagheit, sondern eher positiv, als Pluralität von Bedeutungen, als Option, ein Objekt oder einen Entwurf so zu gestalten, dass er unterschiedlich gelesen werden kann. Die sich ergänzenden Deutungen geben dem Thema zusätzliche Facetten, verleihen ihm mehr Tiefe. Oft nutzen wir Mehrdeutigkeit, um einen Entwurf ausdrucksstärker zu machen – das Ergebnis überzeugt umso mehr. Dennoch sollten wir beim Spiel mit der Mehrdeutigkeit vorsichtig sein. Schliesslich kann sie unliebsame Folgen haben, wenn man sie nicht richtig dosiert. Hin und wieder können Widersprüche der Mehrdeutigkeit zuträglich sein, doch meistens sind sie ein Zeichen für Brüche und fehlende Beherrschung.

Mehrdeutigkeit und Widersprüche können ein Projekt bereichern, doch ebenso können sie das Resultat in Mitleidenschaft ziehen. Deshalb gilt es, mit dieser Würze äusserst vorsichtig umzugehen.

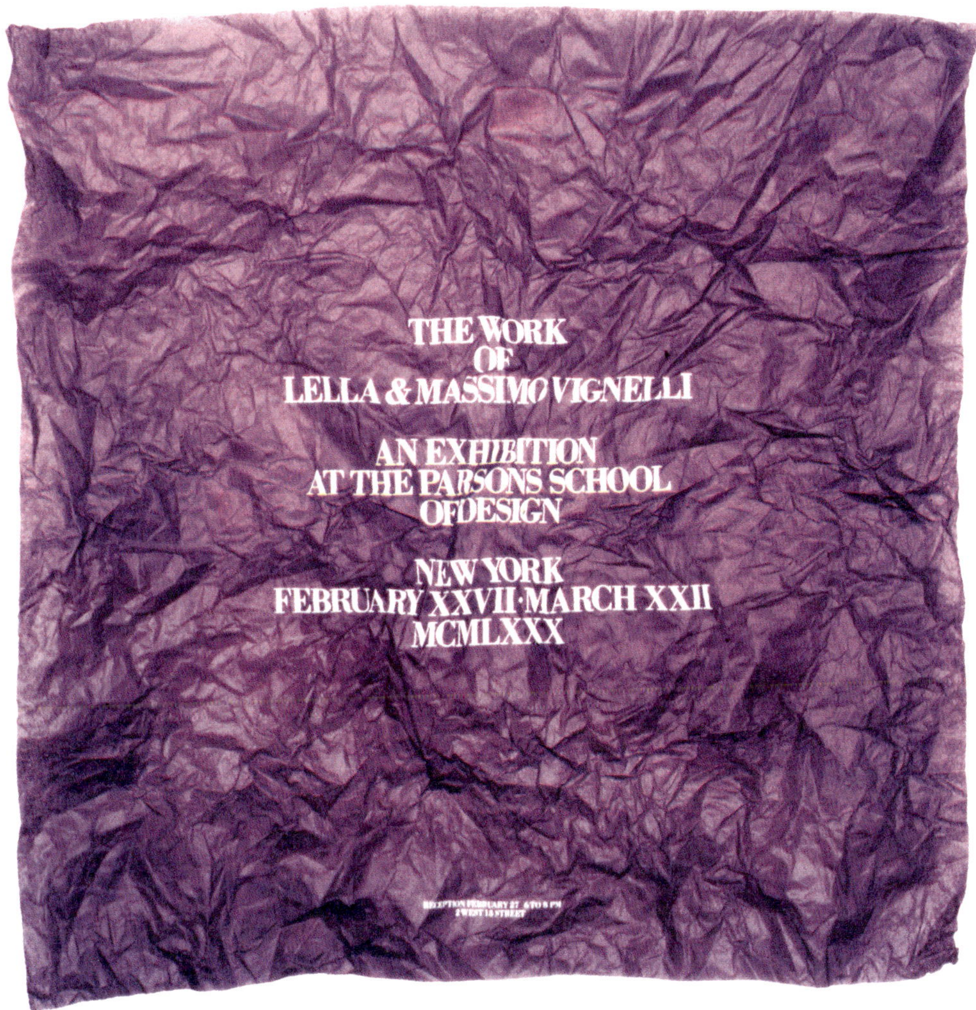
THE WORK
OF
LELLA & MASSIMO VIGNELLI
AN EXHIBITION
AT THE PARSONS SCHOOL
OF DESIGN
NEW YORK
FEBRUARY XXVII·MARCH XXII
MCMLXXX
RECEPTION FEBRUARY 27 6 TO 8 PM

Geschichte, Theorie und Kritik

Für mich steht ausser Zweifel: Zu den wichtigsten Aspekten bei der Ausbildung von Gestaltern gehört ein tiefgreifendes Wissen über die Designgeschichte und die Entwicklung von Theorien ebenso wie die Kritik, die sich aus ihnen speist. Ohne Kenntnis der Vergangenheit kann man die Gegenwart nicht verstehen, die Zukunft nicht gestalten. Die Geschichte ist im Grunde eine Geschichte von Theorien, die der Gestaltung von Dingen vorausgehen. Alles, was wir gestalten, spiegelt bestimmte Ansätze, die wiederum bestimmte Theorien reflektieren. Für uns Gestalter ist es unerlässlich, sich dieser Tatsache bewusst zu sein und genauestens zu wissen, was wir tun, unabhängig von Form- und Stilfragen.

Die Kenntnis der Designgeschichte ist entscheidend, weil sie uns die Beweggründe verschiedener Epochen, Bewegungen und Ausdrucksformen verstehen lässt, aus denen heraus bestimmte Objekte entstanden sind. Nur indem wir das «Warum» verstehen, können wir das «Was» begreifen und umso mehr schätzen. Je mehr Zeit wir in die Auseinandersetzung mit der Vergangenheit investieren, desto besser können wir zeitgenössische Phänomene verstehen und unsere eigenen Theorien wie auch unsere eigenen Gestaltungen entwickeln.

Haben wir erst einmal ein theoretisches Gerüst entwickelt, mit dessen Hilfe wir die Welt bewerten können, gewinnen wir eine Kritikfähigkeit, die es erlaubt, alle nur denkbaren Formen von Kreativität zu beurteilen. Aus ihr heraus leiten sich ausserdem sämtliche Kriterien ab, die schliesslich unsere eigene kreative Arbeit prägen.

Die Geschichte ist eine Folge von Theorien, die unser Verhalten und unser Handeln beeinflussen, je nachdem, wie wir sie einschätzen und beurteilen. Es ist leicht einzusehen, warum Geschichte, Theorie und Kritik für die Ausbildung junger Gestalter von so entscheidender Bedeutung sind, ja, warum sie zentrale Grundlagen in unserem kreativen Schaffen sind.

Das erklärt auch, warum die Erhaltung von Objekten, die von herausragenden Designern entworfen wurden, so wichtig ist für die Bildung zukünftiger Generationen von Gestaltern. Durch einfühlsames und ernsthaftes Studium lassen sich Intentionen und Theorien rekonstruieren, die zur Entstehung eines Objekts führten. Umso besser lässt sich sein Wert beurteilen und seine historische Relevanz verstehen. Es wird dem Betrachter erleichtern, eigene Ansätze für die Gestaltung zu formulieren, statt einfach Stilrichtungen zu folgen. Es wird ihm helfen, die Bedeutung von Dingen zu ermessen und mit ihnen umzugehen. Aus diesem Grund werden Designarchive zunehmend zu den wichtigsten Instrumenten bei der Ausbildung junger Generationen von Gestaltern.

Geschichte, Theorie und Kritik – sie sind das wahre Rückgrat von Gestaltung!

Moderne

Ich datiere die Geburtsstunde der Moderne gerne auf die Veröffentlichung der *Encyclopédie* von Diderot und d'Alembert Mitte des 18. Jahrhunderts. In diesem monumentalen Unterfangen verkörperte sich die Quintessenz der Aufklärung, es markierte den bedeutsamen Augenblick des Übergangs von der Agrar- zur Industriegesellschaft, von einer religiös geprägten Kultur zu einer progressiven Weltsicht.

Die *Encyclopédie* dokumentierte die damals aktuellsten Formen des Handwerks neben frühen Formen des Maschinenzeitalters. Zur selben Zeit entstand ein Bedarf an neuen Gestaltungsformen. Nun war nicht mehr der Handwerker Herr des Endprodukts, vielmehr traten neue Protagonisten auf: diejenigen, die Produkte entwarfen, die dann maschinell gefertigt wurden – von Glas bis Porzellan, von Stahl bis zu Stoffen, von Papier bis hin zu Schrifttypen und vielem mehr.

Die Aufklärung brachte ein neues Denken hervor: Die Menschen strebten nach einer neuen Gesellschaftsordnung. Die Französische Revolution beschleunigte die Entwicklung der Menschheit und förderte neue Ideen. Es war die Geburtsstunde des modernen Menschen, der sich von den Ketten der Unterdrückung und den repressiven Einschränkungen früherer Jahrhunderte befreit hatte. Auf allen Gebieten regten neue Perspektiven das Denken an, von den Naturwissenschaften bis zur Kunst, von der Politik bis zum Handel. Die Verbreitung der Dampfmaschine Anfang des 19. Jahrhunderts verhalf der Industrie zu einem gewaltigen Schub. Produkte mussten nun so gestaltet werden, dass sie für die neuen Produktionsprozesse geeignet waren. Die Maschine übernahm die Macht, von der Eisenbahn über die Textilproduktion bis hin zur Landwirtschaft. Brücken aus Stahl führten in ein neues Zeitalter. Anfangs wurden Produkte noch auf eher naive Weise gestaltet, später dann, als sie zum Inbegriff der neuen Technologien und Mentalität geworden waren, durchaus bewusster.

Marx und Engels waren die Fürsprecher einer dringend erforderlichen sozialen Gerechtigkeit. Durch den neuen Blick auf die menschliche Existenz entstanden neue Ideologien, die sich mit allen Aspekten der neu geordneten Gesellschaft nach der industriellen Revolution befassten. Mitte des 19. Jahrhunderts wandte sich William Morris gegen die stilistische Verarmung, verursacht durch unangemessene Anwendung industrieller Produktionsweisen, und forderte mehr Sorgfalt bei der Gestaltung von Produkten, von Möbeln bis hin zu Textilien. Das Profil des modernen Gestalters begann sich zu entwickeln. Zu Beginn des 20. Jahrhunderts war Peter Behrens rasch zum Prototyp des modernen Industriedesigners avanciert; er bediente das gesamte Spektrum der Gestaltung, entwickelte neuartige Denkansätze und Ausdrucksformen. Er war der erste Gestalter, der den Kommunikationsbedarf der Industrie erkannte. Zugleich war er der wahre Erfinder des Konzepts der Corporate Identity als Ausdruck der Vision eines Unternehmens und dessen Verpflichtung zu Integrität und Qualität. Im Bauhaus fand dieses Verständnis dann seinen prägnantesten Ausdruck: Dort formulierte man die ideologischen und formalen Grenzen des Gestalterberufs, dessen ausgeprägtes Feingefühl und Sinn für die Bestimmung einer Sache.

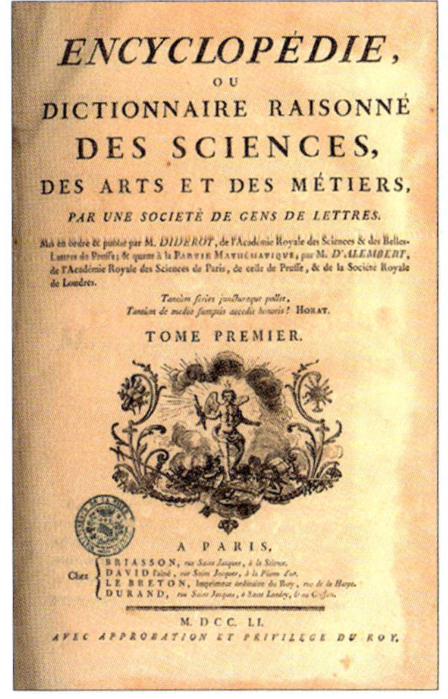
ENCYCLOPÉDIE,
OU
DICTIONNAIRE RAISONNÉ
DES SCIENCES,
DES ARTS ET DES MÉTIERS,
PAR UNE SOCIETÉ DE GENS DE LETTRES.
Mis en ordre & publié par M. DIDEROT, de l'Académie Royale des Sciences & des Belles-Lettres de Prusse; & quant à la PARTIE MATHÉMATIQUE, par M. D'ALEMBERT, de l'Académie Royale des Sciences de Paris, de celle de Prusse, & de la Société Royale de Londres.

Tantùm series juncturaque pollet,
Tantùm de medio sumptis accedit honoris! HORAT.

TOME PREMIER.

A PARIS,
Chez BRIASSON, rue Saint Jacques, à la Science.
DAVID l'aîné, rue Saint Jacques, à la Plume d'or.
LE BRETON, Imprimeur ordinaire du Roy, rue de la Harpe.
DURAND, rue Saint Jacques, à Saint Landry, & au Griffon.

M. DCC. LI.
AVEC APPROBATION ET PRIVILEGE DU ROY.

Die Moderne ist mithin kein Stil, sondern Ausdruck einer Ideologie, welche ein Verständnis für den Produktionsprozess sowie den Zweck der gestalteten Produkte besitzt. Stile sind das exakte Gegenteil – flüchtiger Ausdruck spekulativer Herstellerwünsche. Die Moderne ist nach wie vor lebendig, weil ihre *raison d'être* zeitlos ist und ihre Imperative nach wie vor Gültigkeit besitzen.

Gestaltung ist eins

Mein erster Arbeitsplatz war das Architekturbüro von Castiglioni in Mailand, wo ich als 16-Jähriger als Zeichner arbeitete. Die Castiglioni-Brüder waren im gesamten Spektrum von Architektur und Design tätig, getreu dem Diktum von Max Bill, ein Architekt müsse alles entwerfen können, «vom Löffel bis zur Stadt». Zu diesem Zeitpunkt hatten sie bereits ein Radio – eine echte Stilikone –, wunderschönes Besteck, Campingmöbel, gewitzte Hocker, ein Industrie-Regalsystem, ansprechende Häuser und ein ausserordentliches Museum entworfen. Später gestalteten sie Restaurants, Messen, Ausstellungen, Möbel und vieles mehr. Sie wurden Ikonen des italienischen Designs. Ich kann allen Gestaltern nur nachdrücklich empfehlen, sich mit ihrem Werk auseinanderzusetzen und es zu studieren. Mich beeindruckte die Bandbreite ihrer Projekte enorm und ich war sofort fasziniert, dass ein Architekt in so vielen verschiedenen Bereichen arbeiten konnte. Ich entdeckte, dass es entscheidend ist, eine gestalterische Disziplin meisterhaft zu beherrschen, um einfach alles gestalten zu können – denn genau diese Fähigkeit ist unverzichtbar und wird bei jedem Projekt gebraucht.

Gestaltung ist eins – und nicht eine Vielheit. Die Gestaltungsdisziplin ist eins, lässt sich auf die verschiedensten Dinge anwenden, unabhängig von Stilfragen. Gestaltung geht weit über einen Stil hinaus. Jeder Stil erfordert Disziplin, um seinen Ausdruck zu finden. Viele glauben, Gestaltung sei ein bestimmter Stil. Nichts könnte falscher sein! Gestaltung ist vielmehr eine Disziplin, ein kreativer Prozess mit eigenen Regeln, die dafür sorgen, dass das Ergebnis schlüssig ist und seinen Zweck auf unmittelbarste und ausdruckstärkste Weise erfüllt. Mein Leben lang habe ich Gelegenheiten gesucht, mein Spektrum als Gestalter zu erweitern: Von Glas zu Metall, von Holz über Keramik zu Kunststoff, von Printdesign zu Verpackung, von Möbeln zu Interieurs, von Kleidung zu Kostümen, von Ausstellungsarchitektur zum Bühnenbild und vielem mehr. Für mich war und ist es eine Herausforderung, das Zusammenspiel von Intuition und Wissen, von Leidenschaft und Neugier, Begehren und Gelingen immer weiter auszuloten.

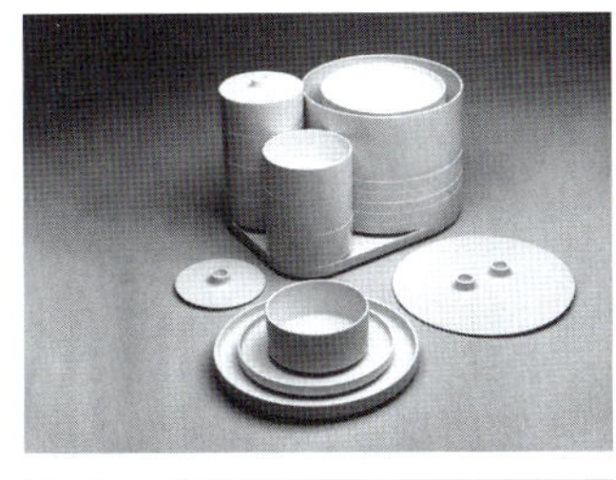

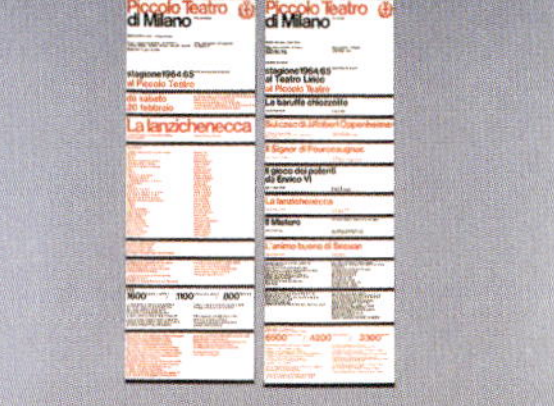
Piccolo Teatro di Milano
Piccolo Teatro di Milano
La lanzichenecca

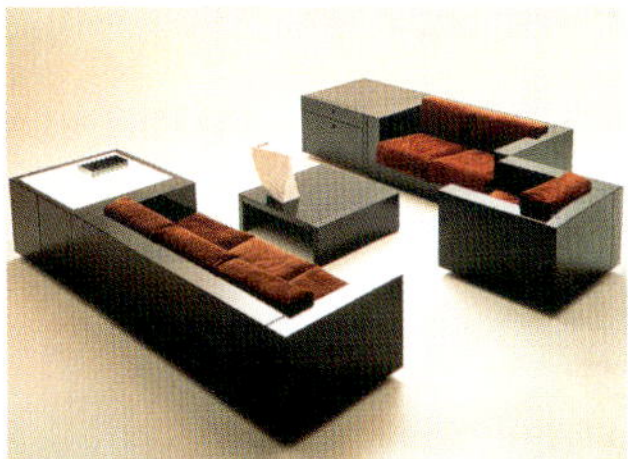

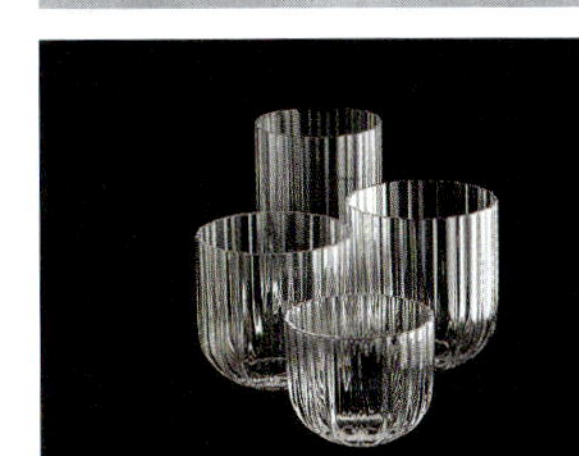

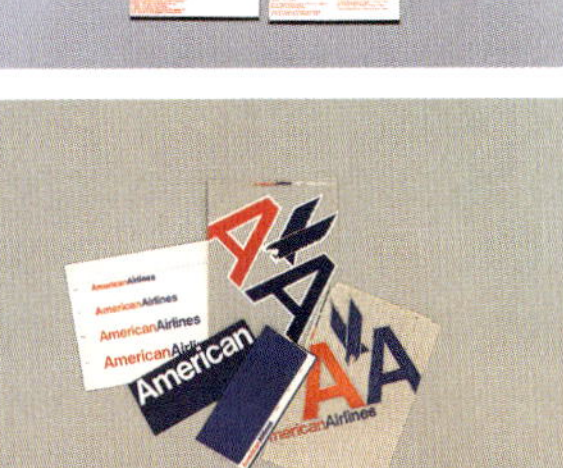
AmericanAirlines
American
AmericanAirlines

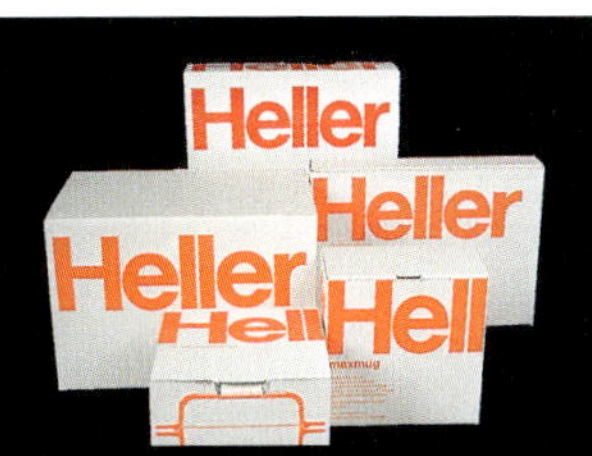
Heller
Heller
Heller
Hell
Hell

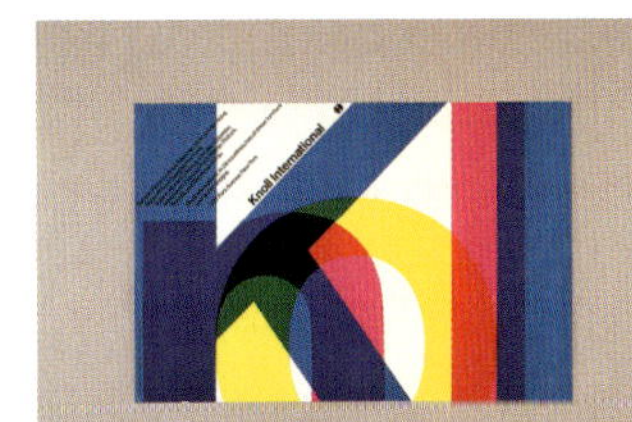
Knoll International

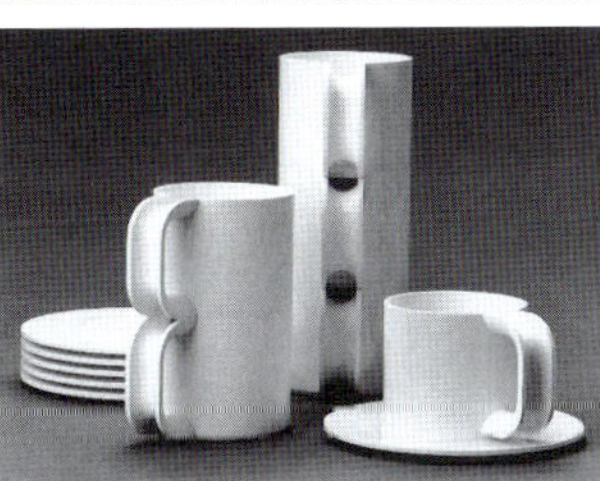

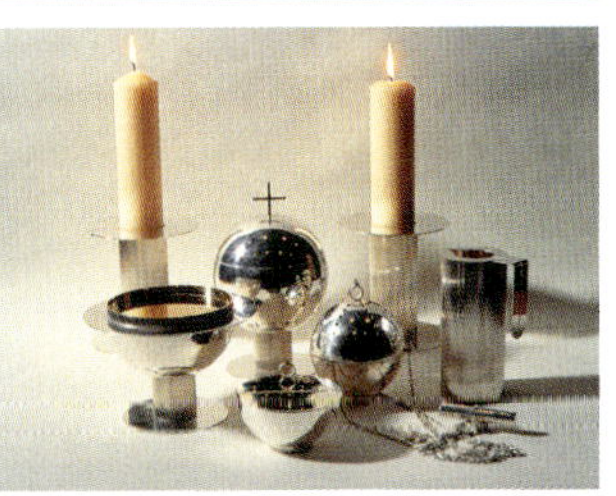

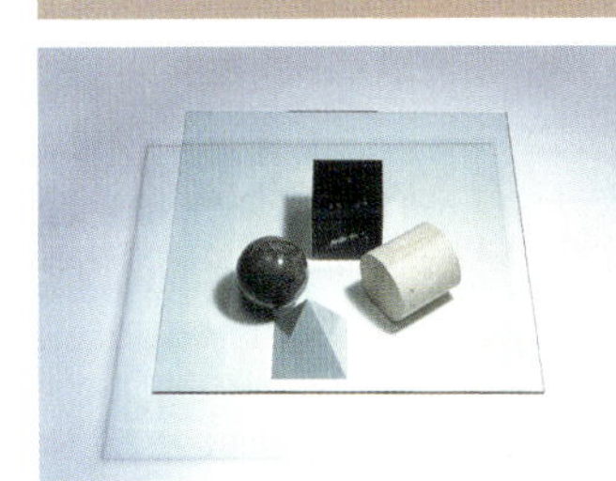

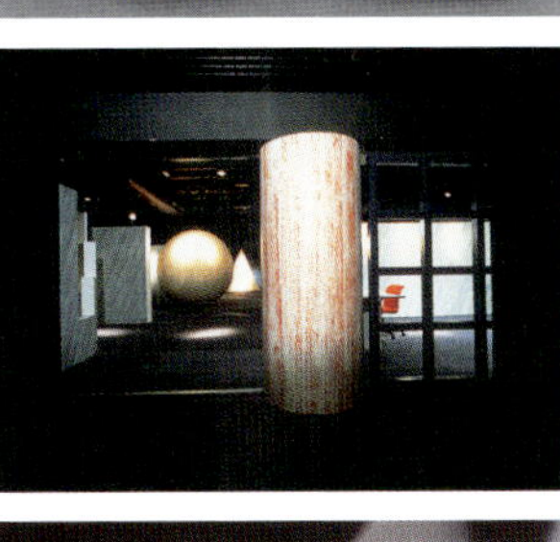

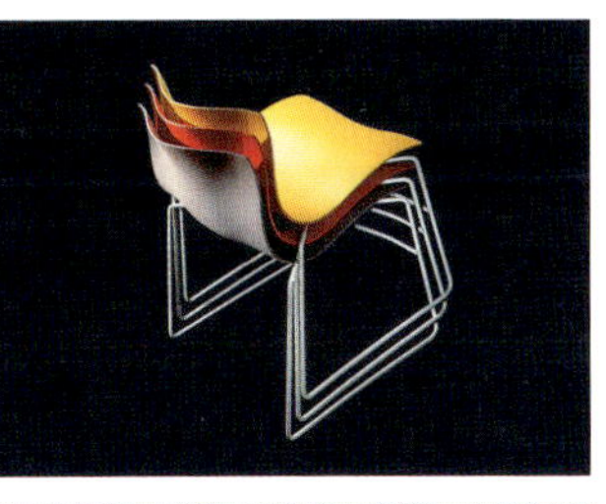

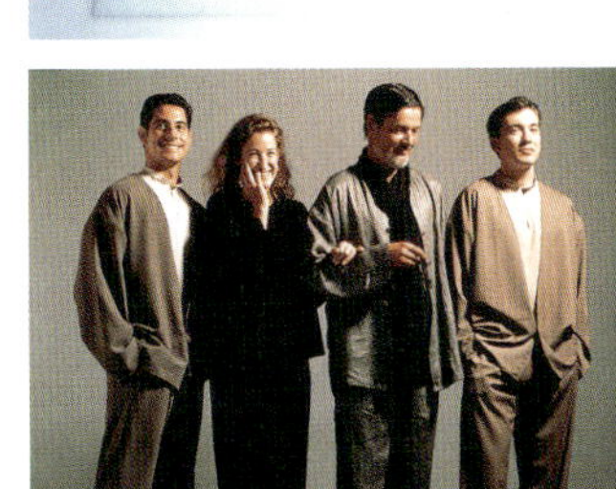

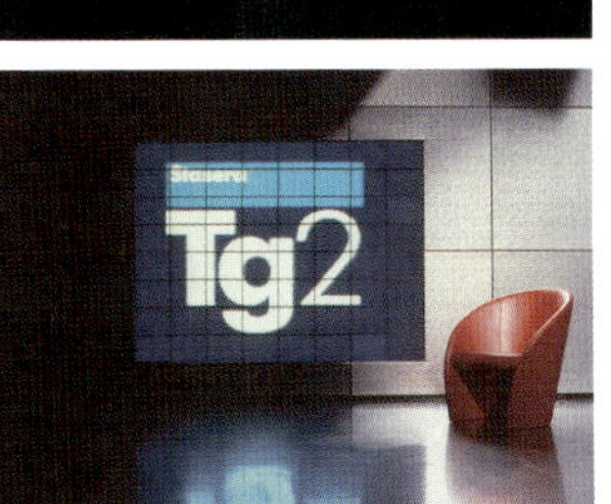
Stasera
Tg2

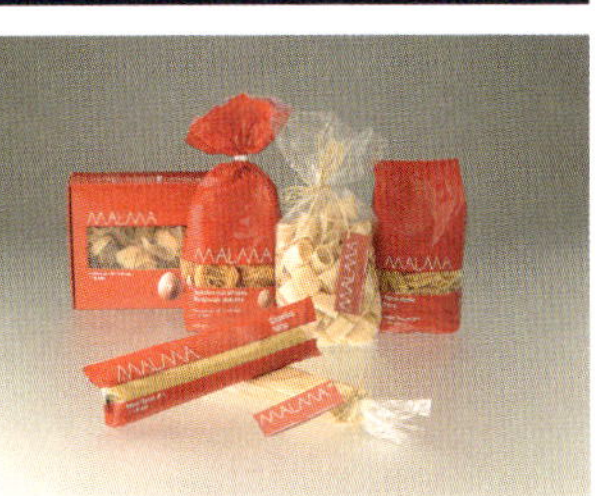
MALAMA

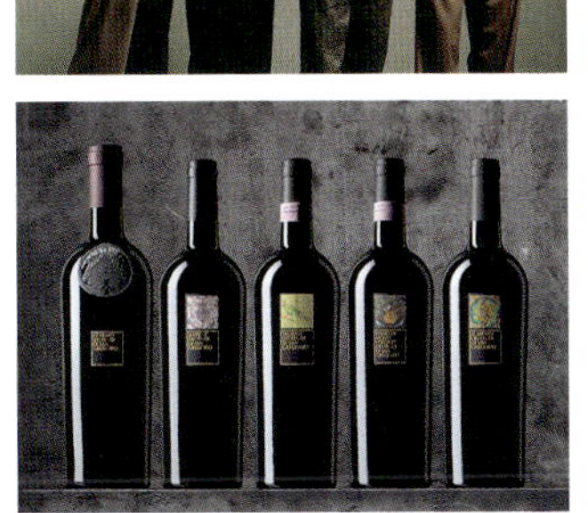

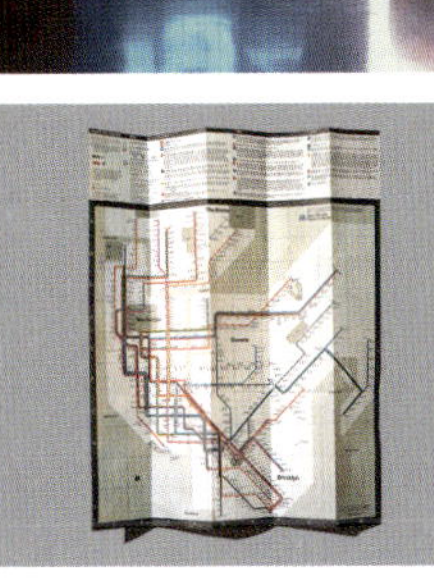

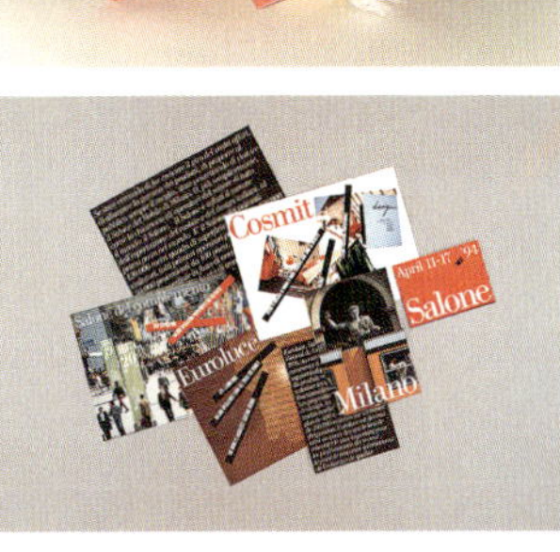
Cosmit
Salone
Euroluce
Milano

Visuelle Ausdruckskraft

Wir sagen immer wieder: Gestaltung muss ausdrucksstark sein. Schwache Gestaltung – konzeptuell, farblich oder hinsichtlich Form oder Textur – können wir nicht ertragen, ob nun in einer oder in mehrerlei Hinsicht. Gutes Design ist für uns stets eine Äusserung schöpferischer Kraft, in der klare Konzepte durch ansprechende Formen und Farben vermittelt werden, wobei jedes Element den Inhalt auf eindringlichste Weise zum Ausdruck bringt. Es gibt unendlich viele Möglichkeiten, Ausdrucksstärke zu erzielen. Im Grafikdesign etwa kann die Verwendung unterschiedlicher Grössenverhältnisse auf einer Seite höchst ausdrucksstark wirken. Der Kontrast von fetten und mageren Schriftschnitten sorgt für visuelle Dynamik. Diese Herangehensweise haben wir in unseren grafischen Arbeiten erfolgreich eingesetzt. Bei räumlichen Entwürfen ermöglicht die Manipulation von Licht durch verschiedene Texturen und Materialien unendlich viele und wirkungsvolle Resultate. Das Spiel mit Proportionen und kontrastierenden Grössen eröffnet eine beeindruckende Vielfalt von Möglichkeiten.

Damit Entwürfe ihren Zweck erfüllen können, ist es wesentlich, sie visuell ausdrucksstark und von unverwechselbarer Präsenz zu gestalten. Visuelle Ausdruckskraft lässt sich auch durch subtile Layouts oder Materialien erzielen. Sie zeugt von intellektueller Eleganz und sollte niemals mit simpler visueller Wirkung verwechselt werden – die in den meisten Fällen nichts weiter als ein Zeichen visueller Vulgarität und Aufdringlichkeit ist. Visuelle Ausdruckskraft ist fraglos ein Thema, das grösste Aufmerksamkeit verdient, wenn wir wirkungsvolles Design gestalten wollen.

Interview : Michel Foucault

". . . Le Corbusier, who is described today — with a cruelty that I find perfectly useless — as a sort of crypto-Stalinist. He was, I am sure, someone full of good intentions. . . ."

Noted French philosopher Michel Foucault talks with anthropologist Paul Rabinow about architecture and its role in political organization and social relationships.

Space, Knowledge, and Power

Translation by Christian Hubert

Intellektuelle Eleganz

Wir sprechen oft von intellektueller Eleganz, nicht zu verwechseln mit eleganten Umgangsformen und Manieren. Für mich ist intellektuelle Eleganz jene erhabene Eleganz, aus der heraus alle grossen Meisterwerke der Menschheitsgeschichte entstanden sind. Sie ist jene Eleganz, die wir in den Statuen des alten Griechenland finden, in der Malerei der Renaissance, in der erhabenen Literatur Goethes und vieler grosser kreativer Köpfe. Sie ist die Eleganz der Architektur aller Epochen, der Musik aller Zeiten, die Klarheit der Naturwissenschaften durch die Jahrhunderte hindurch. Sie ist jener rote Faden, der uns zur besten Lösung führt, ganz gleich, was wir auch tun. Sie ist das klar umrissene Ziel in unseren Köpfen – jenes Ziel, das keine Kompromisse kennt. Sie adelt noch das bescheidenste Objekt. Intellektuelle Eleganz ist darüber hinaus unser Bewusstsein als Bürger, unsere soziale Verantwortung, unser Gespür für Anstand, unsere Art zu gestalten, unser moralischer Imperativ. Auch sie ist kein Gestaltungsstil, sondern vielmehr die tiefste Bedeutung, das innerste Wesen von Gestaltung.

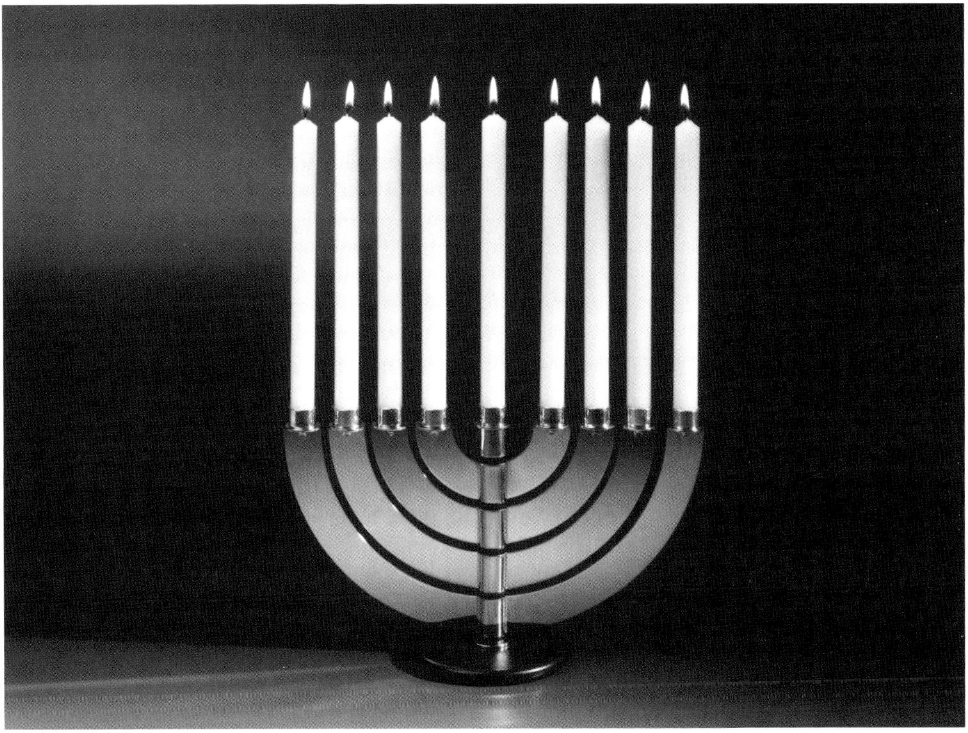

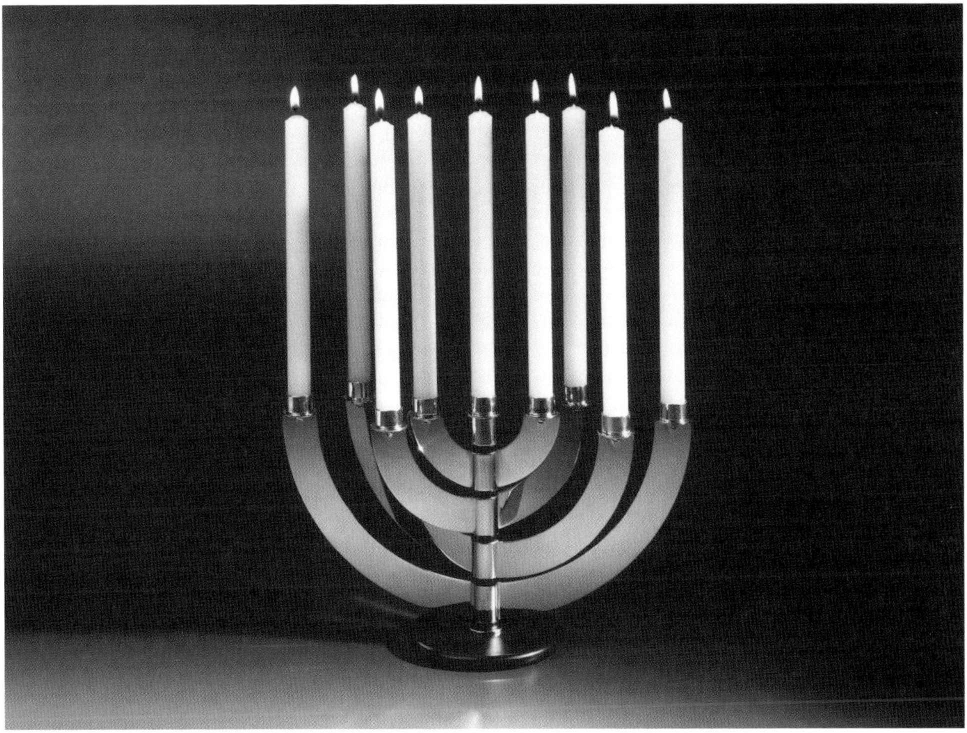

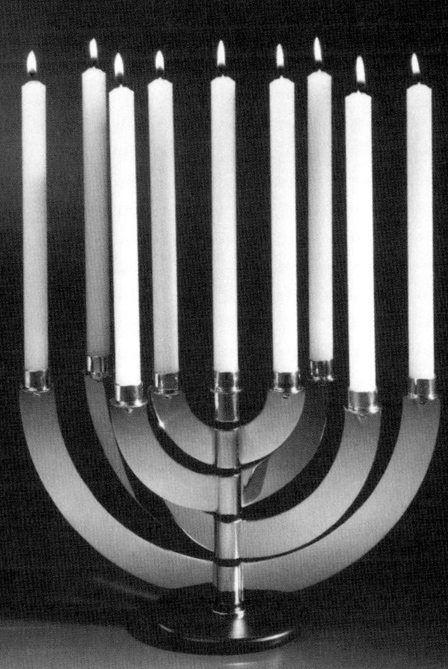

Zeitlosigkeit

Wir sind mit Nachdruck gegen jegliches modisches Design und alle Designmoden. Wir verachten die Kultur des Überflüssigen, die Kultur der Verschwendung, den Kult des Flüchtigen. Uns widerstrebt die Forderung nach vorübergehenden Lösungen, die Verschwendung von Energie und Kapital allein um der Neuheit willen.

Wir wollen eine nachhaltige Gestaltung, die den Bedürfnissen des Menschen statt seinen Wünschen gerecht wird. Wir wollen eine Gestaltung, die sich einer Gesellschaft verpflichtet fühlt, die für dauerhafte Werte eintritt, einer Gesellschaft, die sich den Genuss von Konsumgütern erarbeitet und Respekt und Integrität verdient. Wir mögen Grundformen und Primärfarben, weil sie einen zeitlosen gestalterischen Wert besitzen. Wir mögen eine Typografie, die über das Subjektive hinausgeht und nach objektiven Werten strebt, eine zeitlose Typografie, die keinen Trends folgt und ihre Inhalte auf angemessene Weise widerspiegelt. Wir mögen ökonomische Gestaltung, weil sie überflüssige Spielereien vermeidet, Investitionen respektiert und länger hält. Wir streben nach einer Gestaltung, die sich auf die Botschaft statt auf visuelle Reize konzentriert. Wir mögen klare, schlichte und langlebige Gestaltung. Das bedeutet Zeitlosigkeit in der Gestaltung.

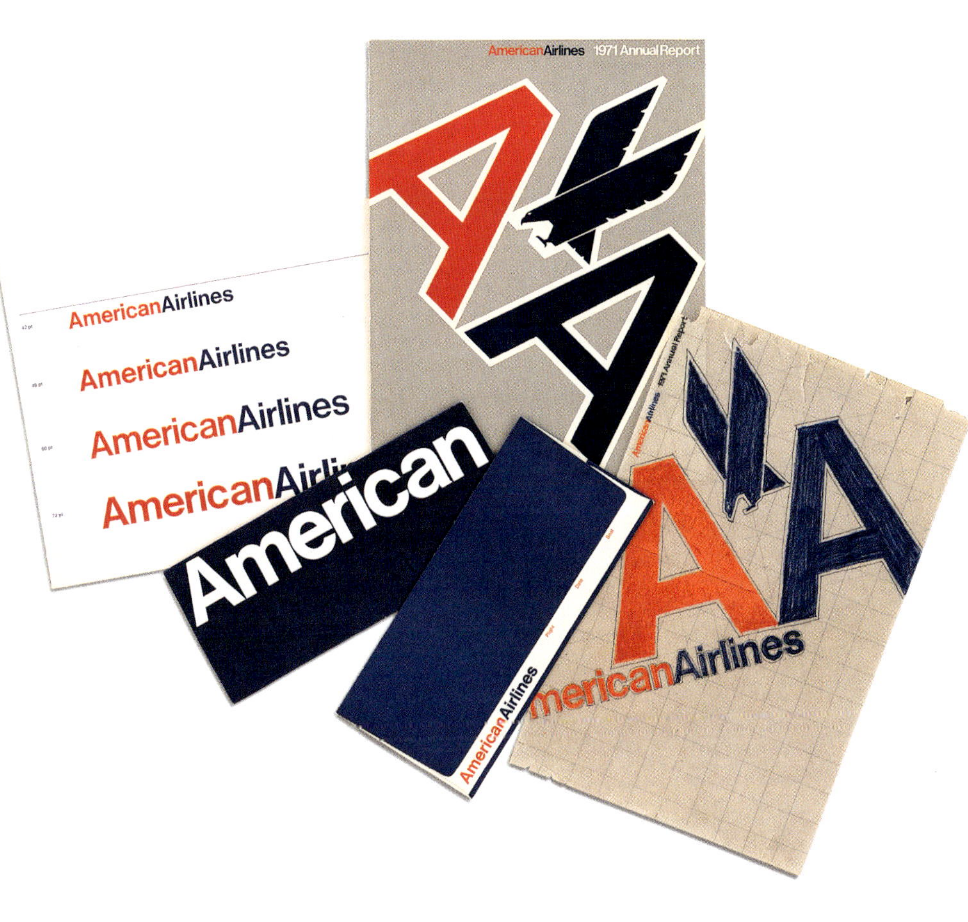
AmericanAirlines 1971 Annual Report
AmericanAirlines
AmericanAirlines
AmericanAirlines
AmericanAirlines
American
AmericanAirlines
AmericanAirlines 1971 Annual Report
AmericanAirlines

Verantwortung

Im Grafikdesign spielt das Thema Verantwortung eine wichtige Rolle. Als Designer sollte man ein Bewusstsein für die jeweils angemessenste und wirtschaftlichste Lösung einer Aufgabe besitzen. Viel zu häufig sieht man Drucksachen, die allein deshalb aufwendig produziert werden, um das Ego der Gestalter oder Auftraggeber zu befriedigen. Es ist wichtig, eine wirtschaftlich angemessene Lösung zu finden, die zugleich sämtliche Aspekte der Aufgabenstellung ernsthaft berücksichtigt. Auch wenn dies offensichtlich scheint, so ist es doch eines der Themen, das von Gestaltern und Auftraggebern am häufigsten übersehen wird. Verantwortung ist eine Form von Disziplin. Als Gestalter tragen wir Verantwortung in dreierlei Hinsicht:

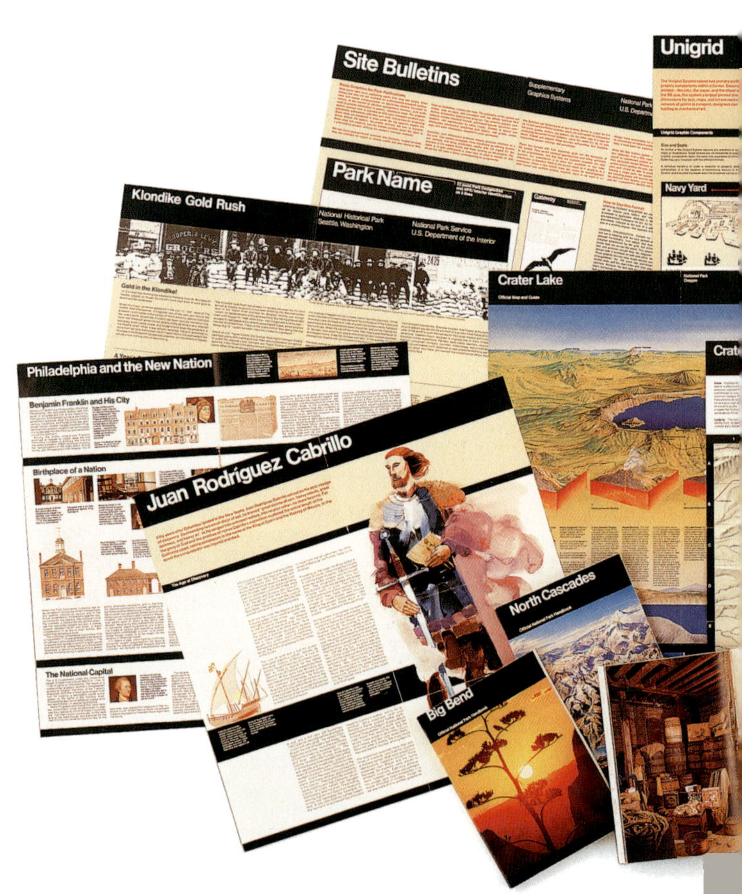

Erstens – uns selbst, der Integrität des Projekts und all seinen Aspekten gegenüber.
Zweitens – gegenüber unserem Auftraggeber, die Aufgabe auf eine wirtschaftlich vernünftige und effiziente Weise zu lösen.
Drittens – gegenüber der Öffentlichkeit, dem Konsumenten, dem Nutzer des Endprodukts.
Auf allen drei Ebenen sollten wir bereit sein, uns uneingeschränkt zu engagieren, die angemessenste Lösung zu finden, die der Aufgabe kompromisslos und zum Nutzen aller gerecht wird. Letzten Endes sollte ein Entwurf für sich stehen können, ohne Ausflüchte, Erklärungen oder Rechtfertigungen. Er sollte einen geglückten Arbeitsprozess in seiner ganzen Schönheit verkörpern, eine verantwortliche Lösung sein.

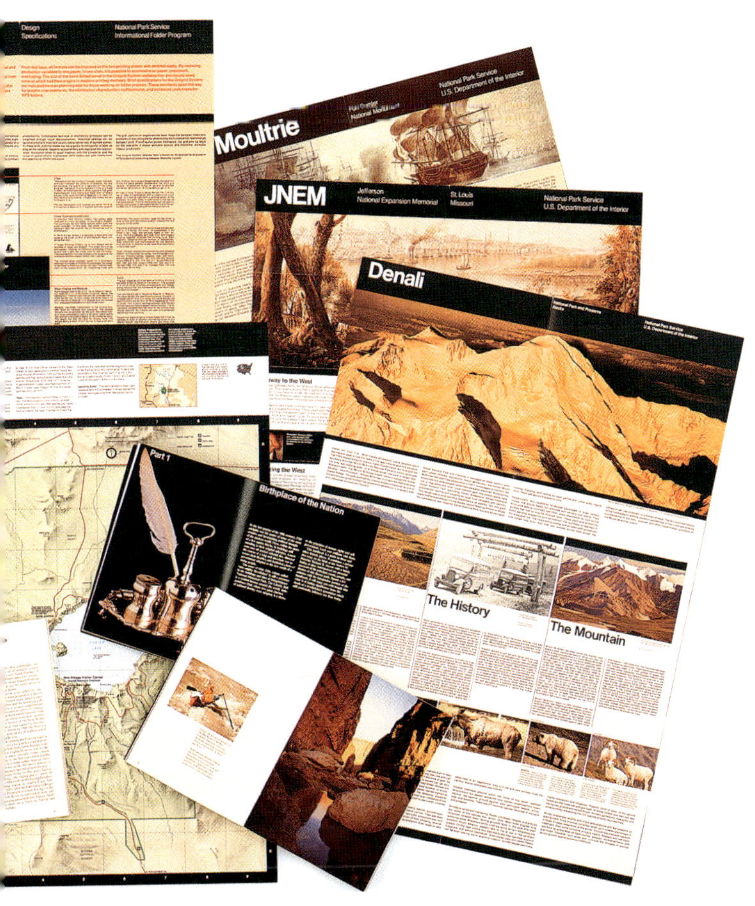

Kapital

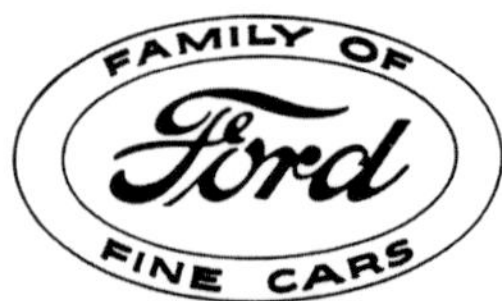

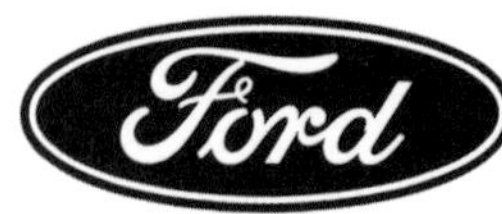

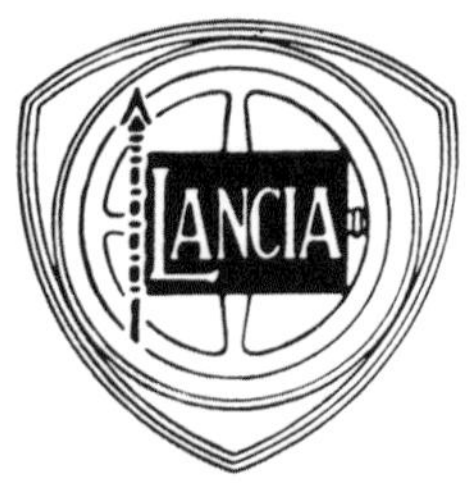

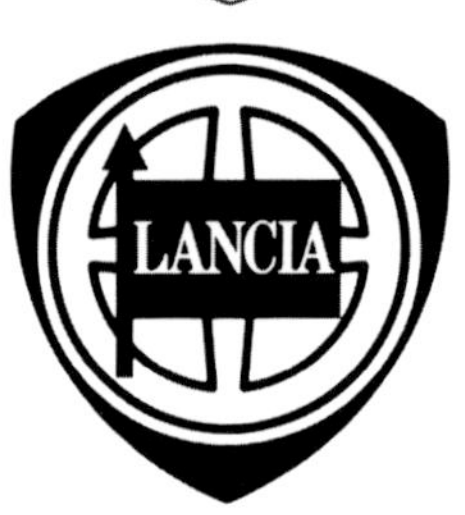

Wir wurden oft gebeten, ein Logo oder Firmensymbol zu gestalten – häufig auf Wunsch der Marketingabteilung, um die Position des Unternehmens am Markt neu zu beleben. Obwohl dies ein legitimer Wunsch ist, ist er doch oft durch den Wunsch nach Veränderung um der Veränderung willen motiviert, und das ist eine gänzlich falsche Motivation.

Eine echte Corporate Identity basiert auf einem ganzheitlichen, systemischen Ansatz, nicht nur auf einem Logo. Ein Logo wird nach und nach zum Teil unserer kollektiven Kultur; auf bescheidene Weise wird es zu einem Teil von uns allen. Denken wir an Coca-Cola, an Shell oder, warum nicht, an American Airlines. Wenn ein Logo fünfzig Jahre oder länger in der Öffentlichkeit präsent ist, wird es zum Klassiker, einem Wahrzeichen, einer respektablen Grösse, und es gibt keinen Grund, warum man es entsorgen und durch ein neues Konstrukt ersetzen sollte, wie gut dieses auch gestaltet sein mag. Vielleicht liegt es daran, dass ich in einem Land aufgewachsen bin, in dem Geschichte und traditionelle Architektur Teil der heimischen Kultur sind und entsprechend geschützt werden – vielleicht sehe ich deshalb Logos als etwas Schützenswertes an.

Die Vorstellung vom Logo als Kapital gibt es seit Menschengedenken. Als wir den Auftrag erhielten, ein neues Logo für die Ford Motor Company zu gestalten, schlugen wir vor, das alte Logo, das durchaus für zeitgemässe Zwecke geeignet ist, behutsam zu überarbeiten. Ebenso verfuhren wir bei Ciga Hotels, Cinzano, Lancia und anderen. Es gibt keinen Grund, Logos zu entsorgen, die sich in siebzig Jahren Präsenz bewährt haben und in den Köpfen der Menschen positiv besetzt sind. Neu ist folglich NICHT die grafische Form, sondern die Betrachtungsweise, das bewusste Respektieren von Geschichte in einem Kontext, der üblicherweise kein Verständnis für solche Werte hat.

CINZANO

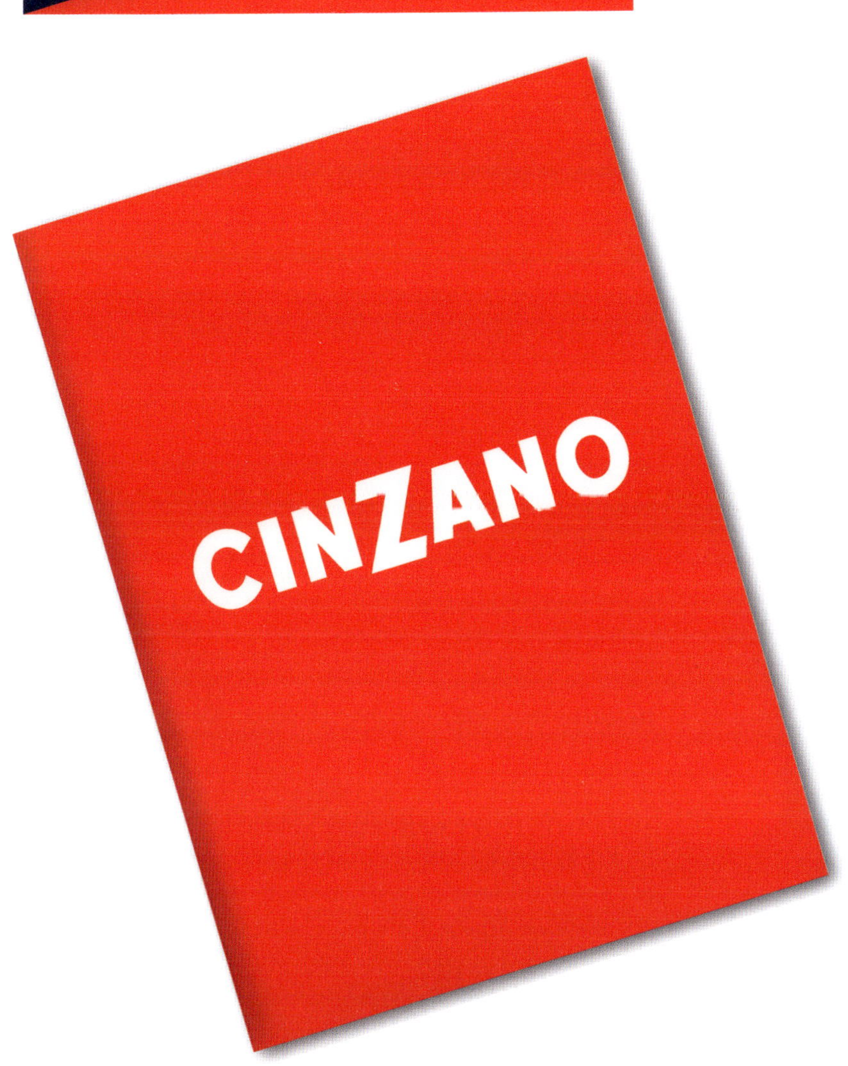

Licht

Licht ist Leben; Licht lässt uns die Welt sehen; Licht nährt uns, indem es alles wachsen lässt; Licht ist das Erste, was wir sehen, wenn wir den Mutterleib verlassen; das Letzte, bevor wir in das grosse Dunkel des Todes treten.

Licht erweckt Texturen zum Leben, lässt glatte und raue Oberflächen verschiedene Signale senden, verführerisch oder abweisend wirken. Texturen absorbieren oder reflektieren das Licht, spielen mit ihm in unendlich vielen Abstufungen von Schattierungen und Emotionen. Unterschiedliche Intensitäten von Licht erzeugen verschiedene Emotionen, dramatische Stimmungswechsel, evozieren Ängste, Rausch oder Apathie. Licht hat die Kunst von Anbeginn der Menschheit an geprägt – in Architektur, Bildhauerei und Malerei. Die Farben sind Teil des Lichts, und Farben werden erst sichtbar durch Licht. Michelangelo modelliert das Licht über dem Körper, Rodin bricht das Licht, lässt es auf der Oberfläche zittern. Turner entwickelt die Intensität des Lichts in seinen Gemälden zur blendenden Kraft, fast zu einer Fackel. Malewitsch fängt das Licht in einer weissen Leinwand ein. Künstler haben schon immer mit dem Licht gespielt, denn es ist das wichtigste Element, mit dem man spielen kann. Nichts kommt ihm gleich, nichts kann es ersetzen. Weiss ist die schönste Farbe überhaupt, denn es reflektiert und absorbiert Licht auf vielerlei Weise; es ändert seine Farbe durch das Licht und hört nie auf, mit ihm zu spielen. Schwarz schluckt das Licht vollkommen. Es ist die Farbe des Todes, der völligen Auslöschung von Licht und Leben. Licht und Wasser; ein Spiel von unglaublicher Schönheit und unendlich vielen, einander jagenden Kombinationen; es reflektiert Farben, zeigt Tiefe, schimmert in sinnlichen Vibrationen. Licht am Himmel wechselt sekündlich und berührt alles um uns herum. Licht enthüllt die reine, unbefleckte Schönheit eines weissen Papiers voller ungesagter Worte…

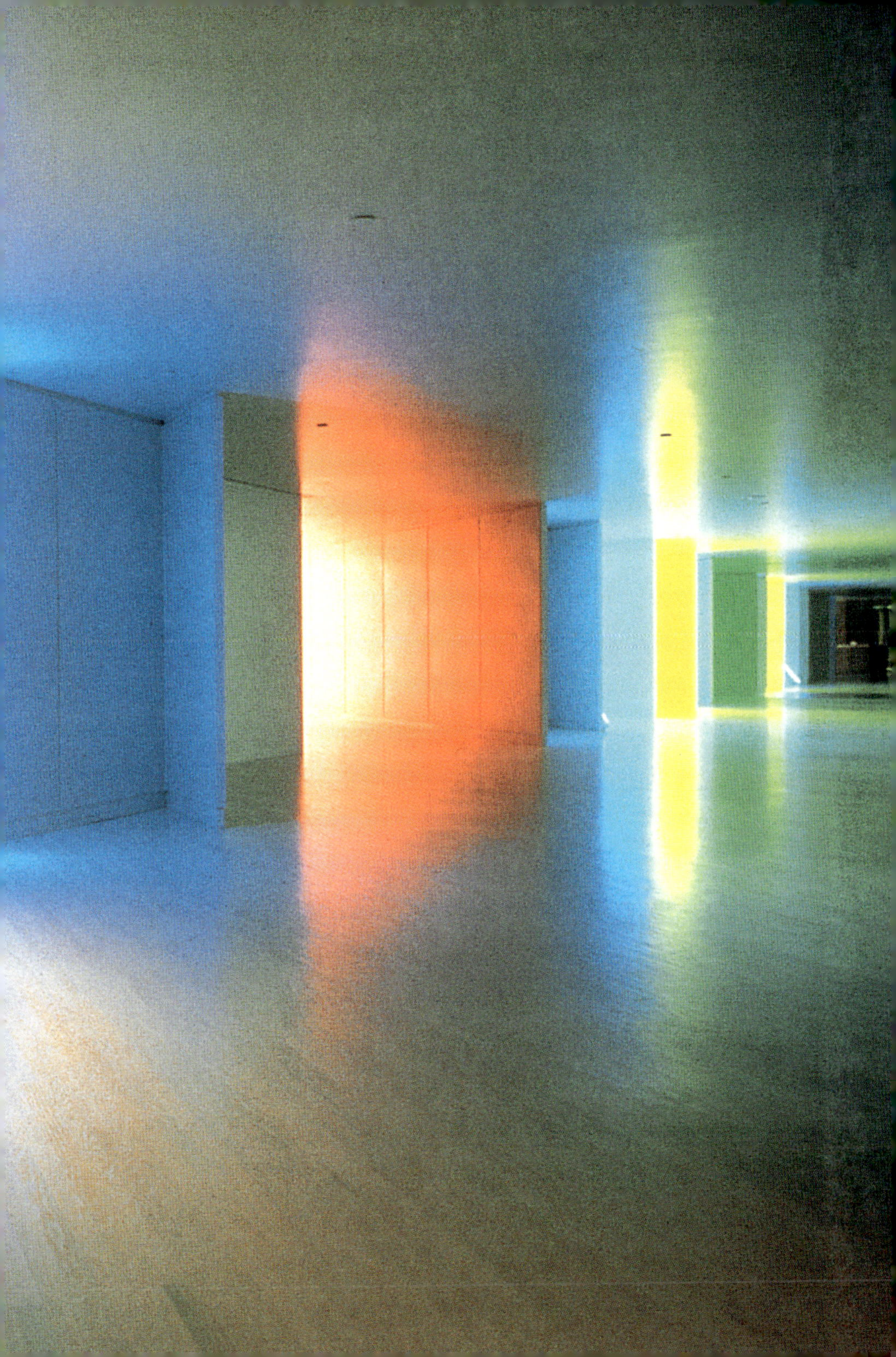

Willkür

Willkür entspringt eher einer Laune als einer Disziplin, und statt sich auf einen bewährten Referenzrahmen zu beziehen, hat sie eine eigene Dynamik. Ihre Launenhaftigkeit offenbart ihre Geringschätzung für das Bemühen, maximale Wirkung mit minimalen Mitteln zu erzielen. Stattdessen gibt sie eigennützigeren Motiven den Vorzug. Sie ist die konsequente Weiterführung des Postulats der individuellen Freiheit, wehrt sich gegen die Ethik eines kollektiven Bewusstseins und leugnet jeglichen Begriff von Objektivität zugunsten einer Subjektivität jenseits der Vernunft. Die Moderne war nie willkürlich, doch war sie ebenso wenig ein Dogma; denn wo das Dogma herrscht, gibt es keine Gestaltung. Man sollte Disziplin und methodische Stringenz nicht mit Dogmatik verwechseln, und so ist es ein Fehler, auf Disziplin um der Freiheit willen mit Willkür zu reagieren. Freiheit kann nur innerhalb jener Grenzen existieren, die ihr Bestehen garantieren. Das Gegenteil davon ist Chaos, Willkür, Flüchtigkeit und Oberflächlichkeit.

Kommerzielle Gestaltung lebt aufgrund ihrer Flüchtigkeit von Willkür, die den Nährboden für die elementare Vulgarität ihrer Ausdrucksformen bildet. Alles ist erlaubt, alles gerechtfertigt durch ihre Gier und Grenzenlosigkeit. Erfolg ist jenen vergönnt, die ungezügelte Fantasien zeigen – je willkürlicher, desto besser. Das ist das Wesen kommerzieller Gestaltung, die leider weiter verbreitet ist als gutes Design.

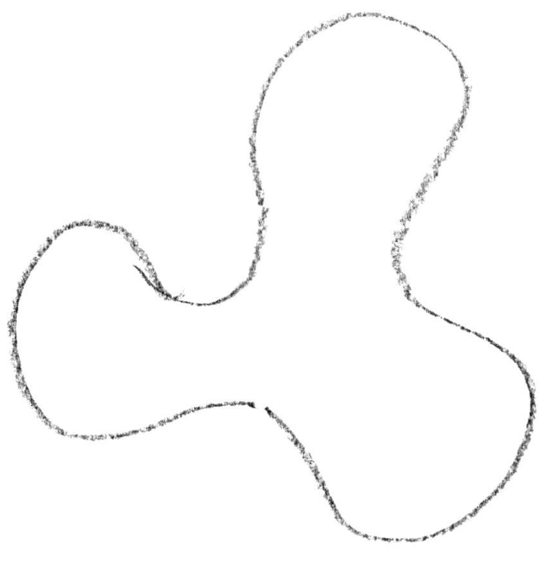

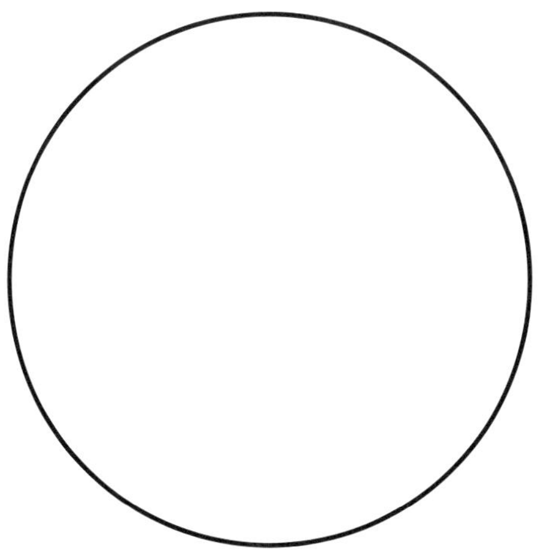

Kontext

Kontext ist ein entscheidender Begriff. Er betrifft sämtliche Aspekte der Gestaltung und kann auf unterschiedlichste Weise in Erscheinung treten – im Konkreten wie im Abstrakten.

In der Architektur meint Kontext das Umfeld, in dem ein Bauwerk stehen wird, den Bezug eines Gebäudes zu angrenzenden Bauten; oder auch die Beziehung eines Bauwerks zum kulturellen Kontext seines Umfelds. Im Design bezieht sich der Begriff auf die Bestimmung des Objekts, sowohl bei zweidimensionalen als auch räumlichen Entwürfen.

Kontext und Angemessenheit bedingen sich gegenseitig; beide sind integrale Bestandteile des kreativen Prozesses, abstrakte Faktoren, die man einem Objekt nicht vorenthalten kann, ohne seine Funktion zu beeinträchtigen. Kontext meint darüber hinaus die wirtschaftlichen Rahmenbedingungen, durch die das Projekt von Anfang an geprägt wird. Ihn zu verkennen, lässt das gesamte Unterfangen sinnlos oder im besten Falle zur überflüssigen Selbstbeweihräucherung werden. Ganz bestimmt führt es aber nicht zu einer professionellen Lösung der Aufgabe. Im Rahmen eines gegebenen Kontexts kann es durchaus verschiedene Optionen geben. Entscheidend ist, die richtigen Prioritäten zu setzen, um eine dem Kontext angemessene Lösung zu finden, die semantisch am ehesten zutrifft. Gute Gestaltung ist das Nebenprodukt einer gründlichen Kontextanalyse und keine launische, vom Kontext gelöste Idee, ganz gleich, wie brillant ihre visuelle Umsetzung auch sein mag. Brillante gestalterische Lösungen berücksichtigen immer den Kontext, der sie bedingt; eben das ist es, was sie brillant und aussergewöhnlich macht.

Wir müssen den Kontext verstehen, um seine Anforderungen kreativ interpretieren und transformieren zu können. Blosse Nachahmung ist der Todesstoss für jede Art von Gestaltung.

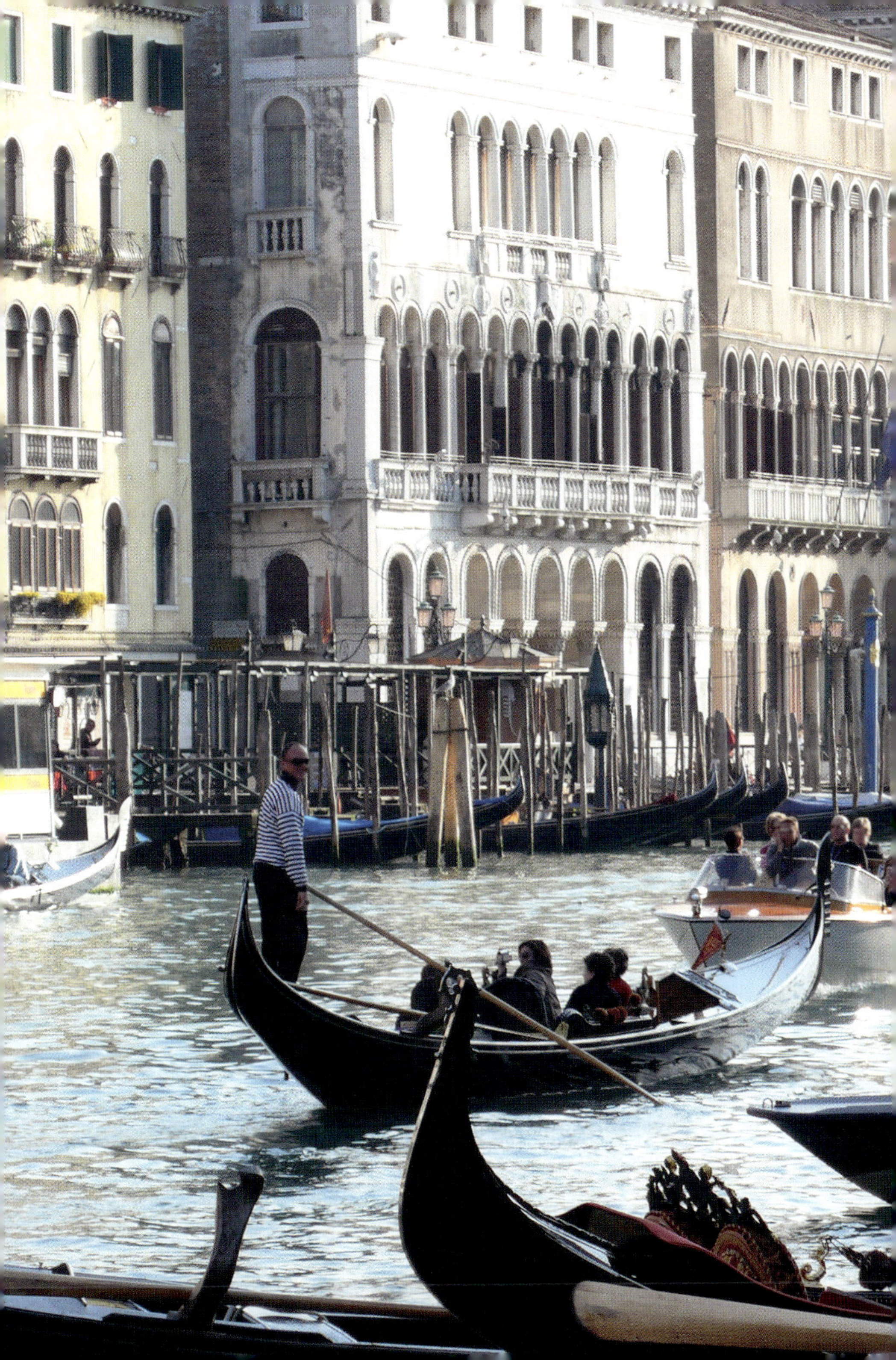

Einflüsse

Einflüsse sind Teil unseres Wachstums, und ein wesentlicher dazu. Frühe Einflüsse sind von weitreichender Bedeutung für unser Leben und prägen unseren Charakter, unsere Ansichten, unsere Persönlichkeit und unsere Interessen. Mein erstes leidenschaftliches Interesse galt der Architektur, besonders dem Werk Le Corbusiers, den ich für seine Hingabe an die Kunst und gesellschaftliche Fragen unglaublich bewunderte. Dank seines facettenreichen Vokabulars an Formen und Materialien schuf er eine ausserordentlich faszinierende Sprache, mit der er seine Vision und seine Konzepte kommunizierte. Der Reichtum dieser allumfassenden Vision, die Malerei, Skulptur und Architektur einbezog, war etwas vollkommen Neues für mich und schlug mich vollkommen in seinen Bann. Der nächste grosse Einfluss war das Werk von Mies van der Rohe, das mich bis zum heutigen Tag begleitet. Mies' unglaubliche Sparsamkeit der Mittel und sein breites Spektrum an Materialien hatten den grössten Einfluss auf mein Denken. Ich erinnere mich, wie ich die Grundrisse seiner Bauten abgepaust habe, um die Formensprache seiner Architektur und die geradezu musikalisch anmutende Komposition seiner Räume, Zwischenwände und absoluten Proportionen wie intravenös in mich aufzunehmen. Mies' Minimalismus war nicht das Ergebnis eines Stils, sondern das Produkt eines unvergleichlich eleganten Geistes, und er hat mich durch all unser Schaffen hindurch, oder doch zumindest die längste Zeit, geleitet.

Grösstmögliche Wirkung mit minimalsten Mitteln zu erzielen, dieses Credo hat meinen Schaffensprozess auf allen Gebieten, bei zweidimensionalen wie räumlichen Entwürfen, geprägt.

Einfluss und Inspiration unterscheiden sich hinsichtlich ihrer Dauer. Während Einflüsse tief und prägend auf den Geist wirken, ist Inspiration etwas Flüchtigeres und in der Regel von kürzerer Lebensdauer. Inspirationen sind fast wie kreative Funken, sie sprühen kurz in unserem Geist auf und erzeugen vorübergehend Hochgefühle – manchmal mit Folgen, manchmal ohne, je nach ihrer Intensität, ihrem Wert und unserer eigenen Veranlagung.

Zwar können aus dem Werk jener, die uns beeinflussen, auch Inspirationen entstehen, doch sollten wir uns der Gefahr der Imitation bewusst sein und ihren Verlockungen widerstehen.

Wir alle werden von der Welt um uns herum geformt und beeinflusst, von den Büchern, die wir lesen und der Musik, die wir hören. Deshalb ist es so wichtig, sich ihrer bewusst zu sein.

Wir sollten uns immer wieder alle verfügbaren Angebote vor Augen führen, um unser Schaffen bereichern zu lassen und ihm grössere Tiefe und Substanz zu verleihen.

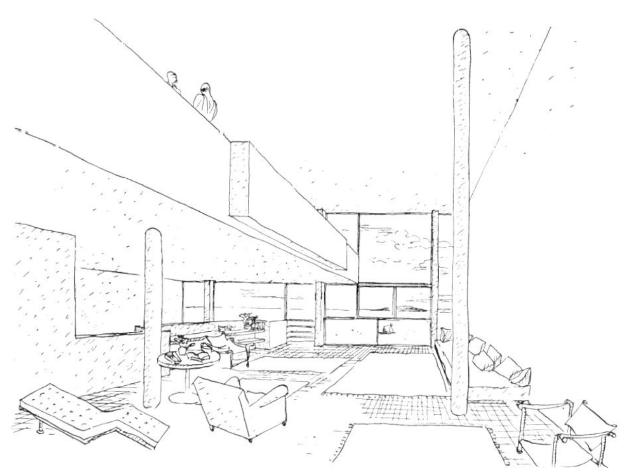

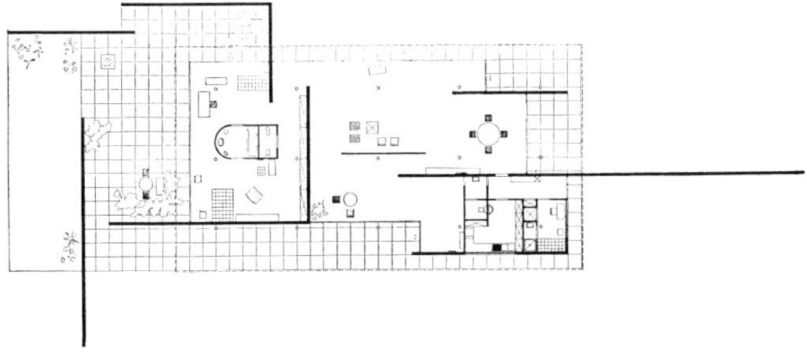

Marketing

Für mich ist Marketing ein integraler Bestandteil des Produktionsprozesses, neben der Budgetierung, Gestaltung und Fertigung. Fehlt eine dieser Komponenten, kann die Maschinerie nicht laufen. Allerdings gibt es zwei grundlegende Formen von Marketing: eine, die auf Bedürfnisbefriedigung abzielt, und eine, die auf Wunscherfüllung aus ist. Während Erstere einen grossen Nutzen für die Gesellschaft haben könnte, beutet Zweitere die Gesellschaft im Interesse der Hersteller aus. Um ihre Investitionen zu schützen, hat die Industrie eine Marketingtheorie entwickelt, deren Ziel es ist, Risiken so weit wie möglich zu minimieren, indem sie die Leute fragt, was sie wollen, und nicht, was sie brauchen. Eines dieser Instrumente nennt sich Marktforschung mit ihren Zielgruppen. Dabei geht es darum, die Angst vor dem Versagen, eine weitverbreitete Krankheit in den Managementetagen der Unternehmen, möglichst gering zu halten. Üblicherweise kommen Gruppen von Hausfrauen zusammen, um ein Produkt zu beurteilen, das sie nie zuvor gesehen haben, geschweige denn jemals zu brauchen meinten. Die Reaktionen solcher Zielgruppen werden sehr ernst genommen und bestimmen die gesamte Gestaltung und Zukunft des beurteilten Artikels. Ich war bei vielen solcher Zusammenkünfte anwesend und habe endlich verstanden, warum die meisten Produkte auf dem Markt so elendig uninspiriert aussehen. Kein gut gestaltetes Produkt wird je das Feedback einer Zielgruppe überleben. Gut konzipierte und gestaltete Produkte sind das Ergebnis von Mut und nicht von Angst. Hinter jedem gut gestalteten Produkt steckt ein brillantes Unternehmen. Jeder erfolgreiche Unternehmer handelt auf eigenes Risiko statt nach den Statistiken ängstlicher Manager. Die Karaffen auf dem Foto rechts wurden von amerikanischen Zielgruppen abgelehnt, aber lange erfolgreich von europäischen Unternehmen vertrieben, die niemanden gefragt hatten und sie ganz einfach herstellten und verkauften! Das war vor fünfzig Jahren, und es war meine erste Lektion in Sachen Zielgruppen. Um am Markt erfolgreich zu sein, braucht es Visionen, Mut und Durchsetzungsvermögen, keine Marktforschung und Zielgruppen. Gutes Design braucht Mut statt Zielgruppen!

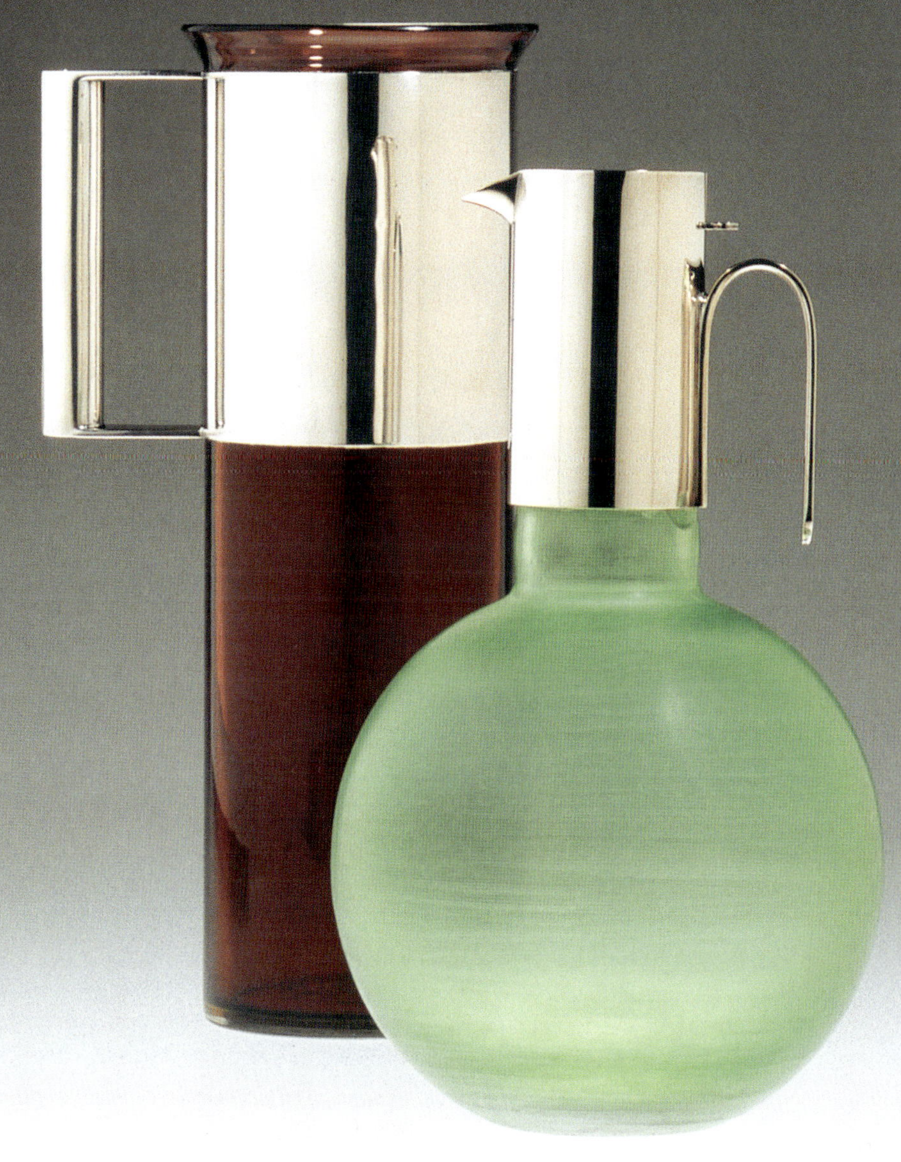

Teil Zwei
Das Konkrete

Papier

Das Spektrum der Papiersorten am Markt ist enorm. Dennoch neigen wir dazu, eine begrenzte Auswahl von Sorten zu nutzen und das passendste Papier für den jeweiligen Auftrag auszuwählen. Wir pflegen einen sehr bewussten Umgang mit Papier und verwenden deshalb eher umweltverträgliche Sorten, ohne Kompromisse beim Endergebnis zu machen. Für uns ist Papier integraler Bestandteil der Botschaft und verdient deshalb stets besondere Aufmerksamkeit.

Für Geschäftsbögen verwenden wir Papier aus 100 Prozent Baumwolle. Was das Format betrifft, nutzen wir soweit wie möglich A4. Bei Büromaterial für Unternehmen verwenden wir schweres Papier für die Führungsebene und leichteres Papier für die übrigen Unternehmensebenen. Für den Werbebedarf nutzen wir Hartpostpapier in Standardgewicht. Für privates Briefpapier wählen wir handgeschöpfte Papiere oder Papier mit vergleichbarer Optik, das sich für klare Blindprägungen oder feine Tiefprägungen eignet. Für die Umschläge verwenden wir entsprechende Papierqualitäten, in der Regel mit gerader Klappe. Die Formate können je nach Land variieren.

Für Broschüren nutzen wir normalerweise Mohawk Superfine in verschiedenen Texturen, je nach Projekt. Wir mögen matte Papiere, die Farben einen weichen Ton geben. Manchmal bevorzugen wir aber auch den brillanten Glanz bestimmter Zander-Papiere.

Bei Büchern ist die Auswahl ungleich grösser, je nach Art des zu gestaltenden Buchs. Literarische Bücher benötigen weiches Papier, illustrierte gestrichenes (matt oder glänzend, je nach Thematik). Textur und Oberfläche des Papiers sind integraler Bestandteil der Botschaft und verlangen dieselbe Aufmerksamkeit wie die Gestaltung insgesamt.

Manchmal tragen kostengünstige Papiere zur Vermittlung der Botschaft bei. Zeitungspapier signalisiert Aktualität, hier sind Wort und Bild der eigentliche Inhalt, ohne dass externe Faktoren ablenken oder manipulieren würden. Packpapiere und Recyclingpapiere zeugen von Umweltbewusstsein, in manchen Kontexten ist ihr Einsatz sinnvoll, in anderen wieder nicht.

Für fast jede Situation gibt es eine passende Papiersorte und ein Papiergewicht. Deshalb ist es wichtig, mit ihnen vertraut zu sein. Nur so kann man das geeignete Papier wählen.

Nicht alle Papiere sind weltweit erhältlich – einer der Gründe, weshalb man das Spektrum beschränken sollte: Man vermeidet eine Zersplitterung des Angebots, kommt zu den wirkungsvollsten und wirtschaftlich vernünftigsten Ergebnissen und hat die geeignetsten Papiere überall verfügbar.

Es war die Erfindung beweglicher Lettern, durch die sich Kultur verbreiten konnte; Papier machte Bücher für alle zugänglich. Der folgerichtige nächste Schritt sind digitale Bücher, die *on demand* gedruckt werden Weniger Papier, weniger Verschwendung. Dieser Devise sollten wir treu bleiben.

Papierformate

Eine unserer ersten Entscheidungen bei sämtlichen Drucksachen ist das Papierformat. Weltweit gibt es zwei grundlegende Papierformatsysteme: die internationalen A-Formate sowie die amerikanischen Formate.

Die internationalen Standardgrössen für Papier, die sogenannten A-Formate, basieren auf einem Seitenverhältnis von 1 : √2. Das Format A4 (210 × 297 mm) ist ästhetisch ansprechend und zudem praktisch. Es hat sich in zahlreichen Ländern durchgesetzt und geht auf die deutsche DIN-Norm, ein metrisches System, zurück. In den Vereinigten Staaten ist das Letter-Format üblich (8 ½ × 11"). Seine Proportionen sind unschön und haben zu einem Chaos nicht enden wollender Papierformate geführt. Dieses Format ist ein Nebenprodukt der freien Marktwirtschaft und ihrer Kultur des Wettbewerbs und der Verschwendung. (Nur ein weiteres Beispiel für eine Kultur der Gier, die unverantwortlicherweise mehr Optionen bietet als nötig.) A4 ist das Grundformat für Büromaterial. Einer der Gründe, warum wir so weit wie möglich DIN-Formate nutzen, ist der, dass ästhetische Proportionen weitere ästhetische Proportionen nach sich ziehen. Für das amerikanische Standardformat hingegen gilt das nicht, es führt zu gar nichts. Ich habe 28 verschiedene Standardgrössen in den USA gezählt! Wir benutzen es ausschliesslich deshalb, weil es in den USA von allen verwendet wird: Jegliches Briefpapier in den USA entspricht diesem Format, ebenso wie Aktendeckel, Hefter und sonstiges Büromaterial! Der Widerhall des Hässlichen ist endlos.

Die Reproduktionsqualität wird stetig besser – dank besserer Papiere, besserer Druckfarben, besserer Druckverfahren, besserer Druckmaschinen und besserer Technologien. Die Branche entwickelt sich ständig weiter, und es ist an uns, mit der Zeit zu gehen. Jede Technik impliziert entsprechende Produktionskosten. Folglich sollte uns bewusst sein, dass Kosten und Qualität durch die Zusammenarbeit mit bestimmten Herstellern optimiert werden können. Nicht alle Länder bieten eine gleich gute Papier- und Druckqualität; wir müssen versuchen, das Beste aus einer gegebenen Situation zu machen. Wann immer möglich, nutzen wir gern beide Seiten des Papiers, selbst bei Plakaten. Statt eine Seite ungenutzt zu lassen, haben wir so mehr Platz und können die Information zudem stärker gliedern. Die gängigsten Plakatformate in Europa sind: 50 × 70, 70 × 100 und 100 × 140 cm. In den USA existieren weitere Plakatgrössen.

Bei der Gestaltung eines Buches, einer Broschüre oder einer beliebigen anderen Drucksache konfrontiert uns die Wahl des Papierformats mit zahlreichen komplexen Fragen. Es kann darum gehen, an das Format früherer Publikationen anzuknüpfen, darum, Neuland zu beschreiten, und manchmal vermittelt das Format selbst schon eine Botschaft, noch bevor etwas darauf gedruckt wird.

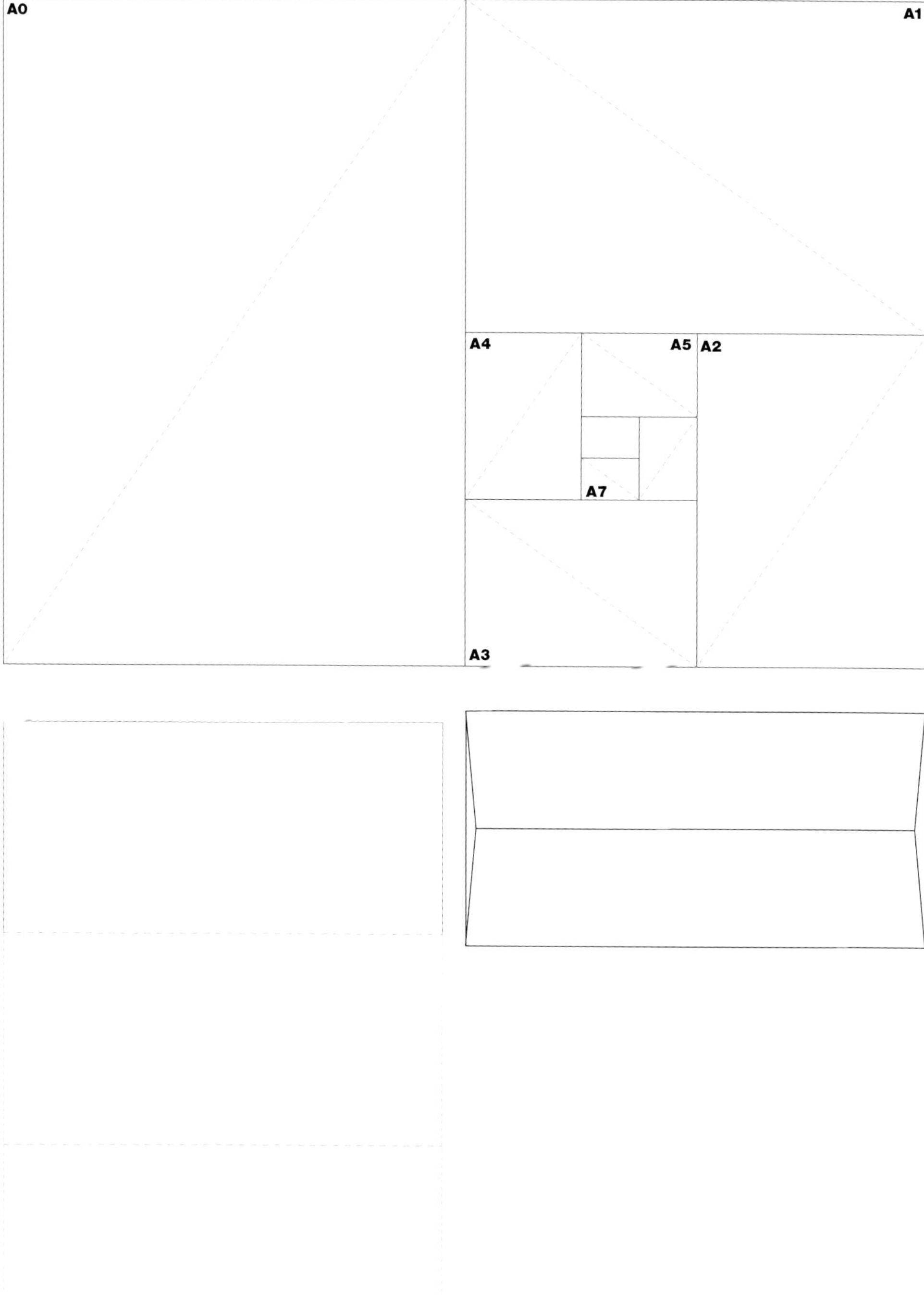
A0
A1
A4
A5
A2
A7
A3

Die Wahl des Formats ist eine überaus wichtige Entscheidung. Sie hat Folgen für die Kosten und die Wirtschaftlichkeit des gesamten Produktionsprozesses. Für einen Gestalter ist es wichtig, umfassende Kenntnisse über den Druckprozess und diejenigen Papiere zu besitzen, die zur möglichst effizienten und ökonomischen Herstellung benötigt werden.

Das Angebot am Markt ist breit gefächert, allerdings auch beliebig, und wird stärker vom Wettbewerb als von Standards bestimmt. Papierformate zu standardisieren – und damit auch die Formate von Publikationen –, ist ein gezielter Beitrag zum Schutz der Umwelt und schont letztendlich Baumbestände, mindert die Umweltverschmutzung und das Abfallaufkommen. Die Wahl des Formats einer Publikation sollte im Bewusstsein ihrer Folgen getroffen werden. Ethik und Ästhetik haben eine gemeinsame semantische Wurzel, die wir respektieren sollten.

Es ist ein Imperativ unseres Berufs, diese Aspekte zu berücksichtigen. Wir sollten nie vergessen, dass unsere Aufgabe als Gestalter darin besteht, unserem Beruf Würde zu verleihen statt Glamour, wozu jedes noch so kleine Detail Gelegenheit bietet.

LuxoArt Samt, 135 g/m², 1,05-faches Volumen

Raster, Stege, Spalten und Module

Für uns bedeutet Grafikdesign «Organisation von Information». Es gibt andere Formen von Grafikdesign, bei denen es eher um illustrative oder narrative Aspekte geht.

Nichts könnte zum Erreichen dieses Ziels nützlicher sein als der Raster. Der Raster ist das Grundgerüst unseres Grafikdesigns: Er hilft uns, Inhalte zu organisieren, er sorgt für Konsistenz, für einen aufgeräumten Eindruck und vermittelt jene intellektuelle Eleganz, die wir zum Ausdruck bringen wollen. Es gibt unendlich viele Arten von Rastern, aber nur einen einzigen – den jeweils angemessensten – für eine Aufgabenstellung. Deshalb ist es entscheidend zu wissen, welcher Raster am angemessensten ist. Allgemein gilt, je kleiner die Module eines Rasters, desto weniger hilfreich ist er. Man könnte sagen, dass eine leere Seite einem unendlich kleinteiligen Raster entspricht – was gleichbedeutend ist mit seinem Nicht-Vorhandensein. Eine Seite mit einem sehr groben Raster hingegen ist sehr einschränkend und bietet allzu wenige Alternativen. Das Geheimnis besteht darin, den richtigen Raster für den jeweiligen Auftrag zu finden. Wenn wir einen Raster festlegen, kann es sein, dass wir die äusseren Stege so knapp definieren, dass Spannung zwischen Seitenrändern und Inhalt entsteht. Anschliessend gliedern wir die Seite in eine gewisse Anzahl von Spalten – je nach Inhalt in zwei, drei, vier, fünf, sechs etc. Doch Spalten sorgen nur in einer Richtung für Geschlossenheit. Darüber hinaus ist ein horizontaler Bezugsrahmen notwendig, um eine sich durch die gesamte Publikation ziehende Kontinuität zu gewährleisten. Deshalb unterteilen wir die Seite von oben nach unten in eine gewisse Anzahl Module – vier, sechs, acht oder mehr, je nach Format und Bedarf. Sobald wir die Seite strukturiert haben, fangen wir an, den Inhalt zu gliedern und so im Raster zu platzieren, dass die Botschaft durch die entsprechende Positionierung des Textes umso deutlicher wird. Es gibt unendlich viele Möglichkeiten, dies zu erreichen, weshalb ein Raster eher ein Hilfsmittel denn eine Einschränkung ist. Allerdings sollte man lernen, mit ihm umzugehen, um bestmögliche Ergebnisse zu erzielen.

2×4-Raster

3×6-Raster

4×8-Raster

5×4-Raster

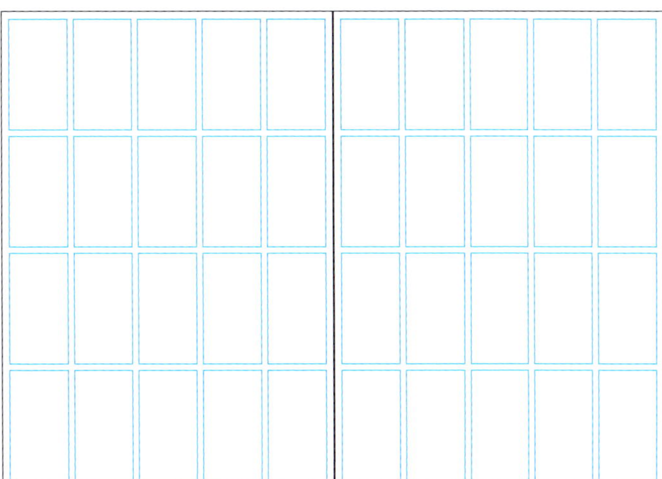

6×6-Raster

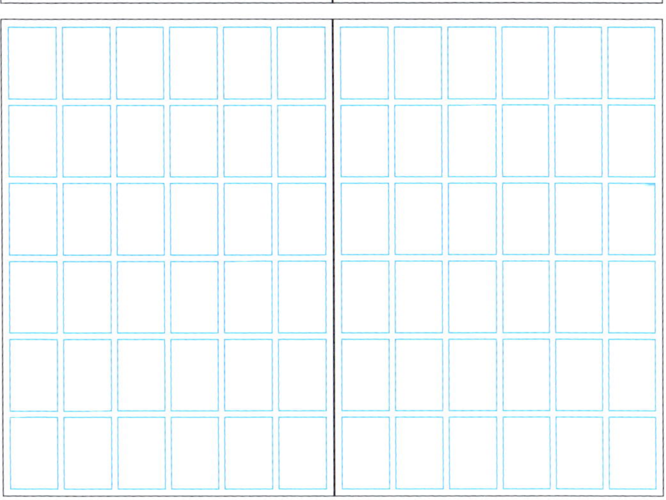

Ein Geschäftsbogen

Nachdem wir 10 mm breite Aussenstege definiert haben, unterteilen wir den Satzspiegel in drei Spalten. Die linke Spalte nutzen wir für das Logo oder den Firmennamen oder lassen sie ganz frei. Die übrigen zwei Spalten stehen für Text zur Verfügung. Das insgesamt asymmetrische Layout wirkt modern.

Oben platzieren wir den Namen des Unternehmens. Er beginnt in der zweiten Spalte und reicht nicht über sie hinaus, sodass er zentriert auf dem Bogen steht. Haben wir einen vertikalen Raster mit sechs Modulen definiert, positionieren wir die Adresse des Empfängers im zweiten Modul der zweiten Spalte. Die erste Falzmarke des Briefbogens entspricht der Oberkante des dritten Moduls. Unmittelbar darunter beginnt das Anschreiben, wobei der Text linksbündig von der zweiten Spalte bis zum Aussensteg fällt. Manchmal platzieren wir das Logo (oder Firmensymbol) auch in der ersten Spalte, unmittelbar unterhalb der ersten Falzmarke. Normalerweise erscheint die Firmenadresse unten auf der Seite, wobei wir die Angaben über die zweite und dritte Spalte verteilen. Das Gesamtbild des Geschäftsbogens zeigt sich, sobald der Brief geschrieben ist. Bei diesem Beispiel hat jedes Element seinen korrekten Platz, in einer stimmigen Hierarchie und Klarheit. Die richtige Schriftwahl verleiht dem Briefpapier schliesslich sein angemessenes Erscheinungsbild. Selbstverständlich ist das nur eine von vielen möglichen Kombinationen für einen Geschäftsbogen im Einklang mit den Prinzipien unseres Kanons. Bei diesem Beispiel soll es lediglich darum gehen, die Anwendung eines Rasters auf einen Geschäftsbogen zu veranschaulichen.

Ein weiteres typisches Beispiel ist ein Geschäftsbogen mit zentrierter Achse. Bei dieser Art von Geschäftsbogen legen wir einen Raster mit fünf Spalten an. Eine Spalte entspricht dem linken Steg, drei sind dem Text vorbehalten, die letzte dient als rechter Steg. Das Logo platzieren wir ganz oben in der mittleren Spalte.

ABDIPHARMA

Mr. Recepient's name
Recepient's Title
Recepient's address
City, Province Zip code

City, Date, Year

Dear Mr. Smith,

Lorem ipsum dolor sit amet, consectetuer adipiscing elit, sed diam nonummy nibh euismod tincidunt ut laoreet dolore magna aliquam erat volutpat. Ut wisi enim ad minim veniam, quis nostrud exerci tation ullamcorper suscipit lobortis nisl ut aliquip ex ea commodo.

Duis autem vel eum iriure dolor in hendrerit in vulputate velit esse molestie consequat, vel illum dolore eu feugiat nulla facilisis at vero eros et accumsan et iusto odio dignissim qui blandit praesent lup tatum zzril delenit augue duis scing elit, sed diam nonummy nibh euismod tincidunt ut laoreet dolore magna aliquam erat volutpat.

Ut wisi enim ad minim veniam, quis nostrud exerci tation ullamcorper suscipit dolor in hendrerit in vulputate velit esse molestie consequat, vel illum dolore eu feugiat nulla facilisis at vero eros et accumsan et iusto odio dignissim qui blandit praesent luptatum zzril delenit augue duis dolore te feugait nulla facilisi. Ut laoreet dolore magna aliquam erat volutpat. Ut wisi enim ad minim veniam, quis nostrud exerci tation ullamcorper suscipit lobortis nisl ut aliquip ex ea commodo consequat.

Sincerely,

Massimo Vignelli

[illegible] Caddesi No:00
00000 Zincirlikuyu - Istanbul
T. +00 000 000 0000
F. +00 000 000 0000
www.abdiibrahim.com.tr

A CASA

Mr. Recepient's name, *Recepient's Title*
Recepient's address
City, Province Zip code

City, Date, Year

Dear Mr. Smith,

Lorem ipsum dolor sit amet, consectetuer adipiscing elit, sed diam nonummy nibh euismod tincidunt ut laoreet dolore magna aliquam erat volutpat. Ut wisi enim ad minim veniam, quis nostrud exerci tation ullamcorper suscipit lobortis nisl ut aliquip ex ea commodo.

Duis autem vel eum iriure dolor in hendrerit in vulputate velit esse molestie consequat, vel illum dolore eu feugiat nulla facilisis at vero eros et accumsan et iusto odio dignissim qui blandit praesent lup tatum zzril delenit augue duis scing elit, sed diam nonummy nibh euismod tincidunt ut laoreet dolore magna aliquam erat volutpat.

Ut wisi enim ad minim veniam, quis nostrud exerci tation ullamcorper suscipit dolor in hendrerit in vulputate velit esse molestie consequat, vel illum dolore eu feugiat nulla facilisis at vero eros et accumsan et iusto odio dignissim qui blandit praesent luptatum zzril delenit augue duis dolore te feugait nulla facilisi. Ut laoreet dolore magna aliquam erat volutpat. Ut wisi enim ad minim veniam, quis nostrud exerci tation ullamcorper suscipit lobortis nisl ut aliquip ex ea commodo consequat.

Sincerely,

Massimo Vignelli

A CASA

Aziende Agricole Spa
Via Filande, 6 Località Pianodardine 83100 Avellino
T. +39 0825 626406 F. +39 0825 610733 E. acasa@cantineacasa.it
www.cantineacasa.it

Der Empfänger erscheint im dritten Modul von oben und schliesst linksbündig mit der zweiten Spalte ab. Das Anschreiben beginnt unterhalb der ersten Falzmarke. Firmenname und -adresse erscheinen zentriert unten auf dem Bogen. Das Gesamtbild eignet sich recht gut für konservativere Anwendungen.

Auf den Umschlägen platzieren wir das Logo links mittig auf der Vorderseite, den Absender jedoch rückseitig auf der geraden Klappe.

Natürlich lässt sich dasselbe Prinzip auch auf die Gestaltung von Faxformularen, Rechnungen oder jede andere Form von Geschäftsausstattung anwenden. Das Konzept ist prinzipiell dasselbe. Die Seite wird durch einen Raster gegliedert, sodass die Informationen ihren angemessenen Platz finden, der stets im Verhältnis zum Raster steht. Zweck des Rasters ist es, eine willkürliche und nichtssagende Platzierung von Informationen auf der gedruckten Seite zu verhindern. Selbstverständlich gibt es zahlreiche verschiedene Arten, das zu erreichen – manche gelungener als andere.

Es ist wie in der Musik, wo fünf Linien und sieben Noten unendlich viele Kompositionen ermöglichen. Das ist der Zauber des Rasters.

Die Abbildungen zeigen verschiedene Beispiele für Layouts von Büroausstattungen.

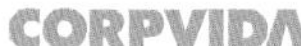

Mr. Recepient's name, *Recepient's Title*
Recepient's address
City, Province Zip code

City, Date, Year

Andrew Smith

Dear Mr. Smith,

Lorem ipsum dolor sit amet, consectetuer adipiscing elit, sed diam nonummy nibh euismod tincidunt ut laoreet dolore magna aliquam erat volutpat. Ut wisi enim ad minim veniam, quis nostrud exerci tation ullamcorper suscipit lobortis nisl ut aliquip ex ea commodo.

Duis autem vel eum iriure dolor in hendrerit in vulputate velit esse molestie consequat, vel illum dolore eu feugiat nulla facilisis at vero eros et accumsan et iusto odio dignissim qui blandit praesent lup tatum zzril delenit augue duis scing elit, sed diam nonummy nibh euismod tincidunt ut laoreet dolore magna aliquam erat volutpat.

Ut wisi enim ad minim veniam, quis nostrud exerci tation ullamcorper suscipit dolor in hendrerit in vulputate velit esse molestie consequat, vel illum dolore eu feugiat nulla facilisis at vero eros et accumsan et iusto odio dignissim qui blandit praesent luptatum zzril delenit augue duis dolore te feugait nulla facilisi. Ut laoreet dolore magna aliquam erat volutpat. Ut wisi enim ad minim veniam, quis nostrud exerci tation ullamcorper suscipit lobortis nisl ut aliquip ex ea commodo consequat.

Sincerely,

Massimo Vignelli

CORPVIDA

Fax

From	**To**
Vignelli	D. Fernando Siña
Company CorpVida	**Fax number** (56-2) 330 4001
Date 11 Octubre 2006	**N. of pages** 1
Subject Presentación Identidad Corporativa	

Lorem ipsum dolor sit amet, consectetuer adipiscing elit, sed diam nonummy nibh euismod tincidunt ut laoreet dolore magna aliquam erat volutpat. Ut wisi enim ad minim veniam, quis nostrud exerci tation ullamcorper suscipit lobortis nisl ut aliquip ex ea commodo.

Duis autem vel eum iriure dolor in hendrerit in vulputate velit esse molestie consequat, vel illum dolore eu feugiat nulla facilisis at vero eros et accumsan et iusto odio dignissim qui blandit praesent lup tatum zzril delenit augue duis scing elit, sed diam nonummy nibh euismod tincidunt ut laoreet dolore magna aliquam erat volutpat.

Sincerely,

Massimo Vignelli

Rosario Norte 660
Las Condes, Santiago
Chile

Teléfono (56-2) 330 4100 / 330 4000
Fax (56-2) 330 4001
www.corpvida.cl

Raster für Bücher

Auch bei Büchern sorgt der Raster für Struktur und Einheitlichkeit zwischen den Buchdeckeln. Bei einem Bildband kann der Raster je nach Inhalt eine Reihe von Spalten und Unterspalten haben, um den Inhalt entsprechend zu organisieren. In Übereinstimmung mit dem Thema des Buchs wird das Format das Erste sein, was es festzulegen gilt. Ein Buch mit quadratischen Abbildungen wird quadratisch sein, ein Buch mit rechteckigen Abbildungen rechteckig, entweder hoch- oder querformatig, je nachdem, wie sich das Material am besten präsentieren lässt. Der Inhalt bestimmt die Verpackung – ein Grundprinzip, das auch auf die Gestaltung von Büchern zutrifft. Es ist eine gute Übung, den Raster auf die Mehrheit der Abbildungen abzustimmen, sodass es möglichst selten zum Beschnitt von Bildern kommt. Heute sind Fotografen sorgfältiger bei der Komposition ihrer Bilder, entsprechend sollte auch der Raster mit angemessener Rücksicht darauf konzipiert werden. Durch die entsprechende Strukturierung des Rasters wird das Buch stimmiger, als es sonst der Fall wäre.

Die Abbildungen zeigen unterschiedliche Beispiele von Rastern für verschiedene Arten von Büchern.

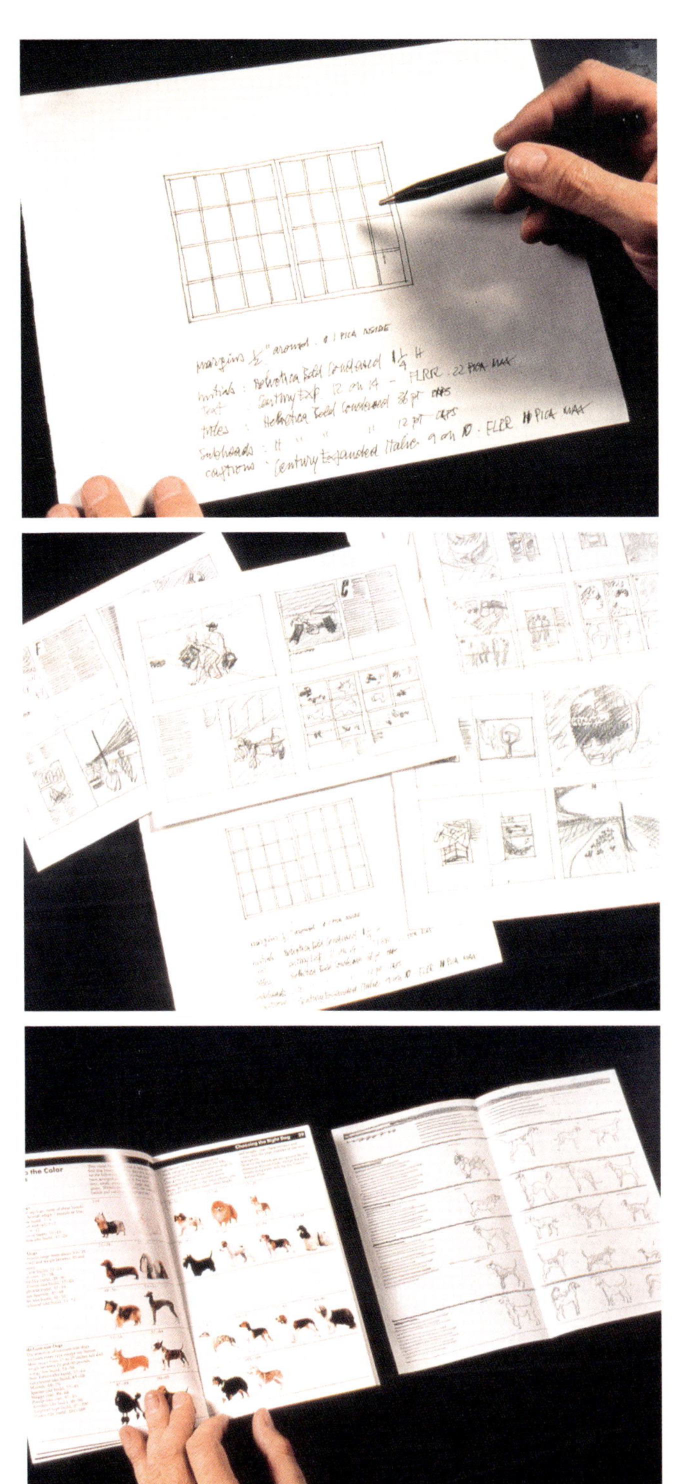
titles : Helvetica Bold Condensed 36 pt CAPS
captions : Century Expanded Italic 9 on 10 · FLRR
Choosing the Right Dog

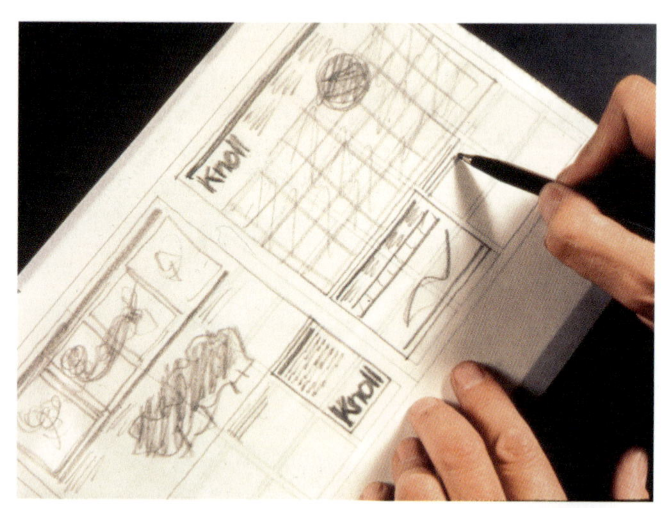
Knoll
Knoll

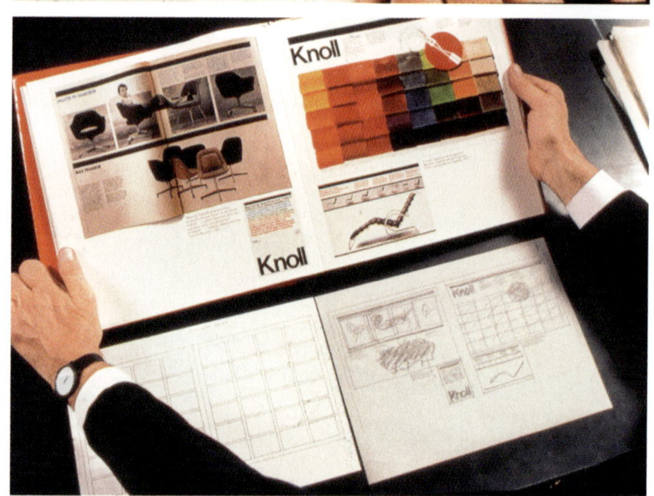
Knoll
Knoll

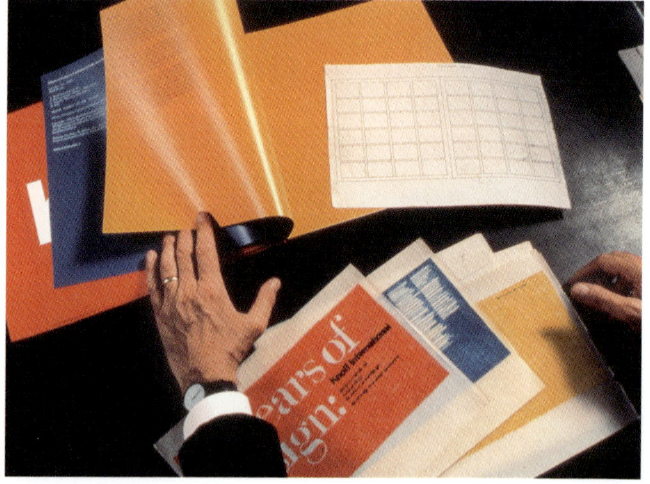
Knoll International

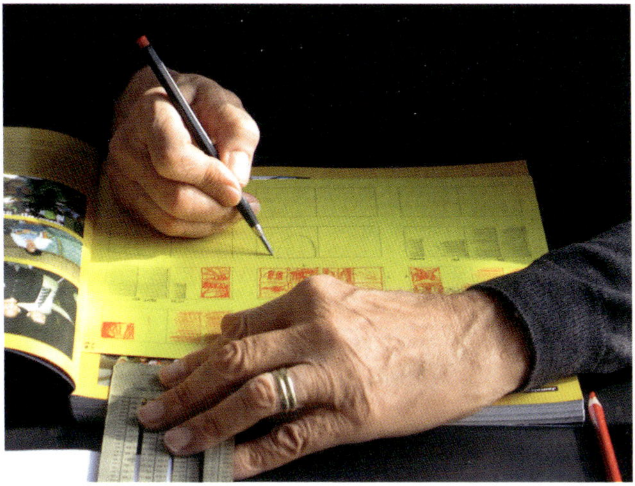

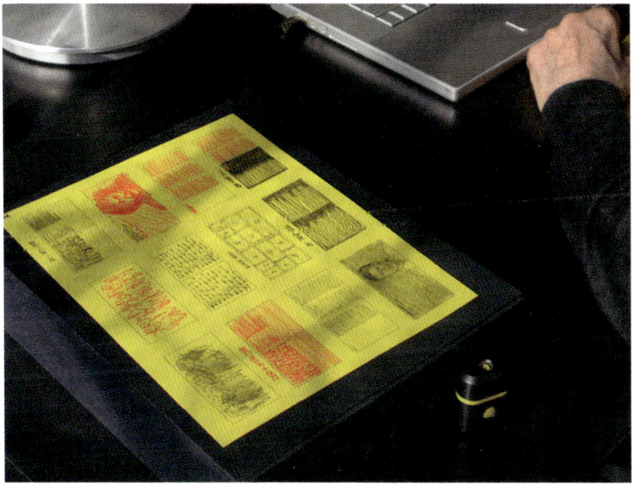

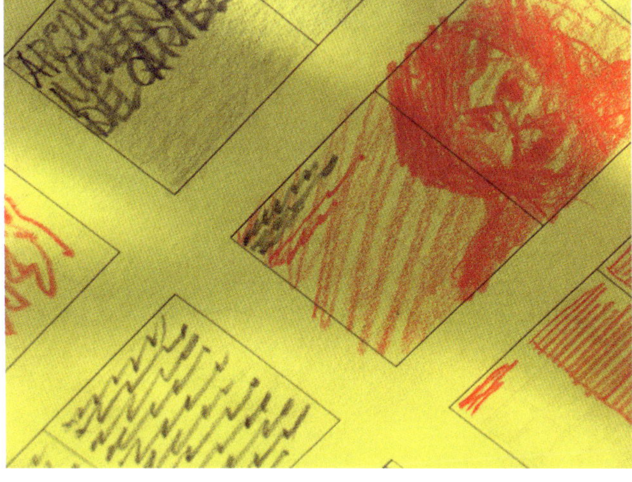

Wir haben Raster für Bücher, Zeitschriften, Zeitungen und Plakate gestaltet – jeden mit ganz spezifischen Eigenschaften, aber doch alle nach demselben Grundprinzip: dem Ziel folgend, die jeweiligen Informationen zu organisieren. Eine Verfeinerung besteht darin, den Raster so anzulegen, dass Schrift und Abbildungen exakt demselben Raster entsprechen. Dazu sollte für die Textboxen ein bestimmter Durchschuss festgelegt werden, der mit den Bildmodulen übereinstimmt. Das verleiht der gedruckten Seite besondere Eleganz bis ins Detail, ist «gute Typografie» wie bei den grossen Meistern.

Je nach Buchformat belassen wir den Abstand zwischen Spalten und Modulen eher gering – im Idealfall gerade so breit wie die Höhe einer gesetzten Zeile – was zu jener Geschlossenheit beiträgt, die ich eben beschrieben habe. Einer der grossen Vorteile des Computers ist die erleichterte Anlage von Rastern, die damit sehr präzise und wesentlich besser als früher geleistet werden kann. Es ist möglich, einen Raster korrespondierend zum Durchschuss und den Proportionen der Abbildungen anzulegen, oder modulare Raster für verschiedene Bereiche des Inhalts zu definieren. Natürlich wird das Layout umso komplizierter, je komplexer der Raster ist – in dieser Hinsicht sollte man sehr vorsichtig sein.

Lorem ipsum dolor sit amet
Lorem ipsum dolor sit amet, in maecenas pharetra gravida ullamcorper neque. Sed hendrerit proin diam duis eu, cursus odio placerat ultrices adipiscing lectus ornare, ut velit nonummy, quidem vitae turpis enim. Adipiscing a lectus, scelerisque tempus vivamus ac. Arcu fermentum nibh, turpis pharetra gravida urna pellentesque vel, mi sodales, justo congue pretium lectus condimentum, quisque diam consectetur interdum.
Ac lorem pellentesque cras, ligula risus integer velit incidunt, luctus nisl iaculis aliquam aenean amet nulla, congue varius, metus donec senectus sed nisi placerat condimentum. Arcu fermentum nibh, turpis pharetra gravida urna pellentesque vel, mi sodales, justo risus integer velit incidunt, luctus nisl congue pretium lectus condimentum.

Pellentesque cras, ligula risus integer velit incidunt, luctus nisl iaculis aliquam aenean amet nulla, congue varius, metus donec senectus sed nisi placerat condimentum.

Lorem ipsum dolor sit amet
Aliquam proin et magnis sit augue, nisl in quos odio eu odio, pellentesque suspendisse nec non pulvinar dui cras, sollicitudin at. Libero cras vel elit iaculis eget. Ultrices orci id egestas at risus sit. Lorem ipsum dolor sit amet, in maecenas pharetra gravida ullamcorper neque. Sed hendrerit proin diam duis eu, scelerisque tempus vivamus ac. Arcu fermentum nibh, pharetra gravida. Urna pellentesque vel, mi sodales, justo congue pretium lectus condimentum, quisque diam consectetur interdum.
Ac lorem pellentesque cras, ligula risus integer velit incidunt, luctus nisl iaculis aliquam aenean amet nulla, congue varius, metus donec senectus sed nisi placerat condimentum. Aliquam proin et magnis sit augue, nisl in quos odio eu odio, pellentesque suspendisse nec non pulvinar dui cras, sollicitudin at.
Libero cras vel elit iaculis eget. Ultrices orci id egestas at risus sit. Lorem ipsum dolor sit amet, in maecenas pharetra gravida ullamcorper neque. Sed hendrerit proin diam duis eu, cursus odio placerat ultrices adipiscing lectus ornare, ut velit nonummy, quidem vitae turpis enim. Adipiscing a lectus, scelerisque tempus odio, pellentesque suspendisse nec non vivamus ac.

Schriftarten: Die Grundtypen

Mit der Verbreitung des Computers enstand ein neues Phänomen, das sogenannte Desktop-Publishing. Seither konnte jeder, der tippen kann, jede verfügbare Schriftart verwenden und beliebig verunstalten. Das war eine Katastrophe ungeahnten Ausmasses. Eine kulturelle Umweltverschmutzung nie dagewesener Dimension. Damals habe ich oft gesagt: Wenn alle, die sich an Desktop-Publishing versuchen, sich als Ärzte versuchen würden, wären wir längst alle tot! Es gab eine explosionsartige Zunahme an Schriftarten. Der Computer erlaubte es jedermann, neue Schriften zu entwerfen, was zu einer der grössten visuellen Umweltverschmutzungen aller Zeiten führte.

Um Aufmerksamkeit auf dieses Problem zu lenken, konzipierte ich eine Ausstellung, in der Entwürfe vorgestellt wurden, die wir im Laufe vieler Jahre gestaltet hatten und die lediglich vier Schriftarten nutzten: Garamond, Bodoni, Century Expanded und die Helvetica. Die Ausstellung sollte zeigen, dass sich trotz sparsamer Verwendung von Schriften eine grosse Bandbreite an Drucksachen gestalten liess, mit beeindruckenden Resultaten. Anders gesagt: Was zählt, ist nicht die Schrift, sondern was wir damit tun. Die Betonung lag auf der Struktur, weniger auf der Schrift.

Ich glaube nach wie vor, dass die meisten Schriften aus kommerziellen Interessen entworfen werden, ganz einfach um Geld zu machen oder um neue Identitäten zu produzieren. In Wirklichkeit ist die Anzahl guter Schriften eher begrenzt, und die meisten neuen sind Varianten bereits existierender. Ich persönlich komme mit rund einem halben Dutzend aus, die ich vielleicht um ein weiteres halbes Dutzend aufstocken könnte, wahrscheinlich nicht mehr.

Neben den bereits erwähnten Schriften könnte ich die Optima, die Futura und die Univers hinzufügen (die am weitesten entwickelte Variante der Century, die es in 59 Spielarten gibt), ausserdem die Caslon, die Baskerville und ein paar zusätzliche moderne Schriftschnitte. Wie man sieht, ist meine Liste recht bescheiden, doch sie besitzt den grossen Vorteil, garantiert bessere Resultate zu zeitigen. Man muss jedoch zugeben, dass einige begabte Schriftgestalter in den letzten Jahren erstaunliche Entwürfe vorgelegt haben, was die Zweckfreiheit und den Mangel an Qualität bei den meisten übrigen Schriften ein wenig aufwiegt.

Einer der wichtigsten Aspekte in der Typografie ist das Verhältnis von Grössenverhältnissen und Proportionen. Natürlich gibt es viele Arten, Typografie aufzufassen. Mir geht es nicht darum, alle Möglichkeiten zu beschreiben, sondern eher darum, zu vermitteln, wie mein persönliches Verständnis und mein Ansatz aussehen. Ich verstehe Typografie als eine Disziplin, mit deren Hilfe sich Informationen auf möglichst objektive Weise organisieren lassen. Typografie als Selbstdarstellung, als Vorwand für bildhafte Spielereien mag ich nicht. Mir ist bewusst, dass es auch hierfür einen Ort gibt, aber es ist nicht meine Sprache, und sie interessiert mich nicht. Meiner Ansicht nach muss Schrift nicht bellen, wenn man das Wort Hund schreibt. Ich bin für einen objektiveren Ansatz: Ich bemühe mich, die verschiedenen Aspekte einer Botschaft so deutlich wie möglich hervorzuheben, indem ich mit Laufweite, Schriftstärke und typografischer Ausrichtung arbeite, wie linksbündig, zentriert oder Blocksatz.

Es gibt Umstände, unter denen eine ganz besondere Type gefragt ist, überwiegend bei Logos oder kurzen Marketingtexten, insbesondere bei kurzlebigen Texten oder Werbetexten. In diesen Bereichen arbeiten wir üblicherweise nicht, doch wenn dort brillante Lösungen gefunden werden, schätze ich sowohl die Intention als auch die Resultate. Ich glaube fest daran, dass Gestaltung nie langweilig sein sollte, doch zugleich sollte sie auch keine Form von Unterhaltung sein.

Gute Gestaltung ist nie langweilig, sondern nur schlechte.

In the new computer age the proliferation of typefaces and type manipulations represents a new level of visual pollution threatening our culture. Out of thousands of typefaces, all we need are a few basic ones, and trash the rest. So come and see A Few Basic Typefaces

The Masters Series: Massimo Vignelli
February 22 to March 8, 1991

Reception: Thursday, February 21, 6 to 8 pm
Lecture: Tuesday, February 26, 7 to 9 pm,
School of Visual Arts Amphitheater.

The third in a series of exhibitions honoring the great visual communicators of our time.

Visual Arts Museum, 209 East 23rd Street, NYC, 10010
Museum Hours: Monday to Thursday, 9 am to 8 pm,
Friday, 9 am to 5 pm. Closed Weekends.

The Masters Series is supported in part by a grant from the Architecture, Planning and Design program of the New York State Council on the Arts.

Garamond, 1532
ABCDEFGHIJKLMNOPQRSTUVWXYZ
abcdefghijklmnopqrstuvwxyz
1234567890

Bodoni, 1788
ABCDEFGHIJKLMNOPQRSTUVWXYZ
abcdefghijklmnopqrstuvwxyz
1234567890

Century Expanded, 1900
ABCDEFGHIJKLMNOPQRSTUVWXYZ
abcdefghijklmnopqrstuvwxyz
1234567890

Futura, 1930
ABCDEFGHIJKLMNOPQRSTUVWXYZ
abcdefghijklmnopqrstuvwxyz
1234567890

Times Roman, 1931
ABCDEFGHIJKLMNOPQRSTUVWXYZ
abcdefghijklmnopqrstuvwxyz
1234567890

Helvetica, 1957
ABCDEFGHIJKLMNOPQRSTUVWXYZ
abcdefghijklmnopqrstuvwxyz
1234567890

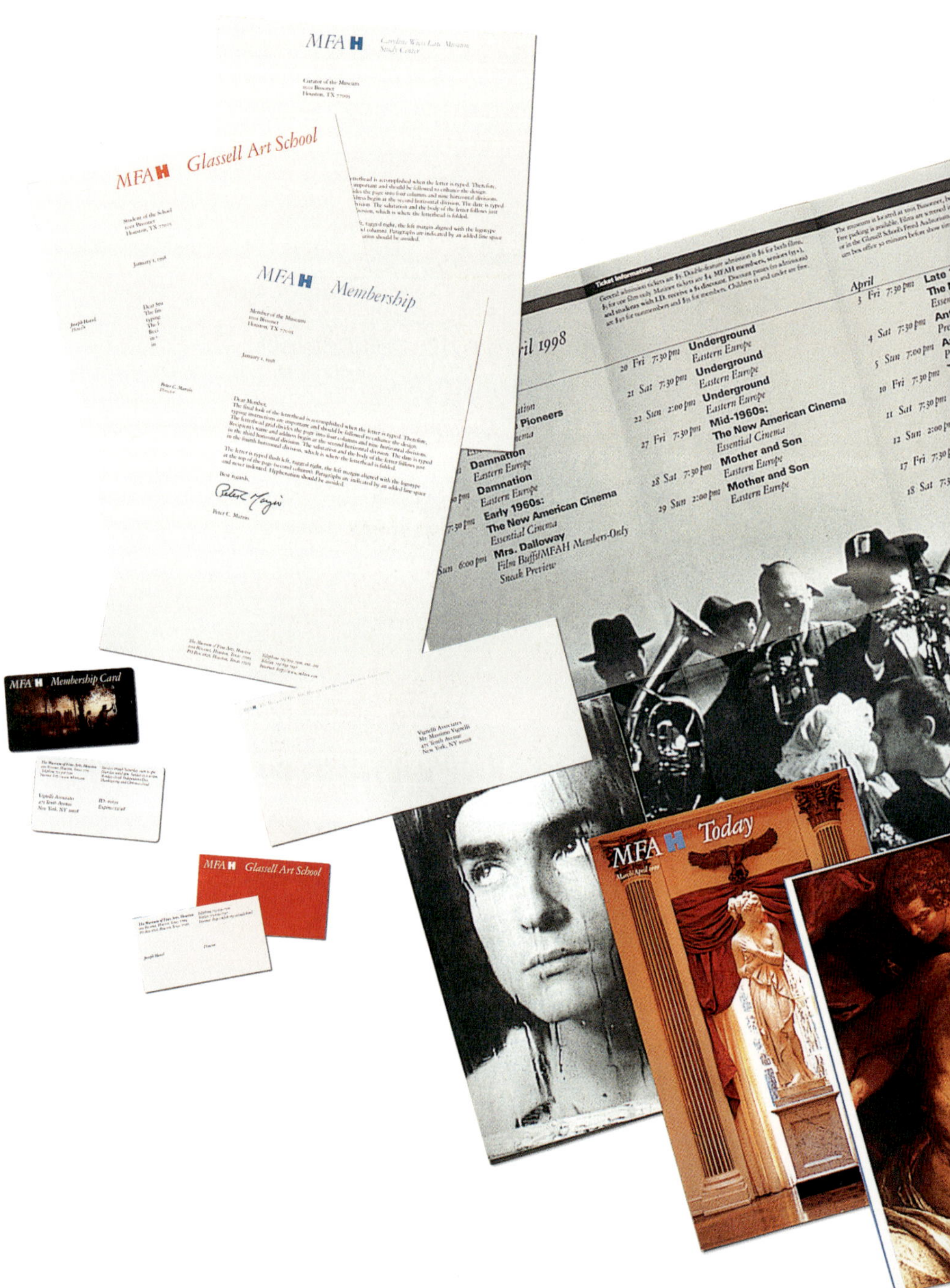
MFA H
MFA H Glassell Art School
MFA H Membership
MFA H Membership Card
MFA H Glassell Art School
April 1998
Underground
Eastern Europe
Mid-1960s:
The New American Cinema
Essential Cinema
Mother and Son
Damnation
Early 1960s:
Mrs. Dalloway
Film Buffs/MFAH Members-Only
Sneak Preview
MFA H Today

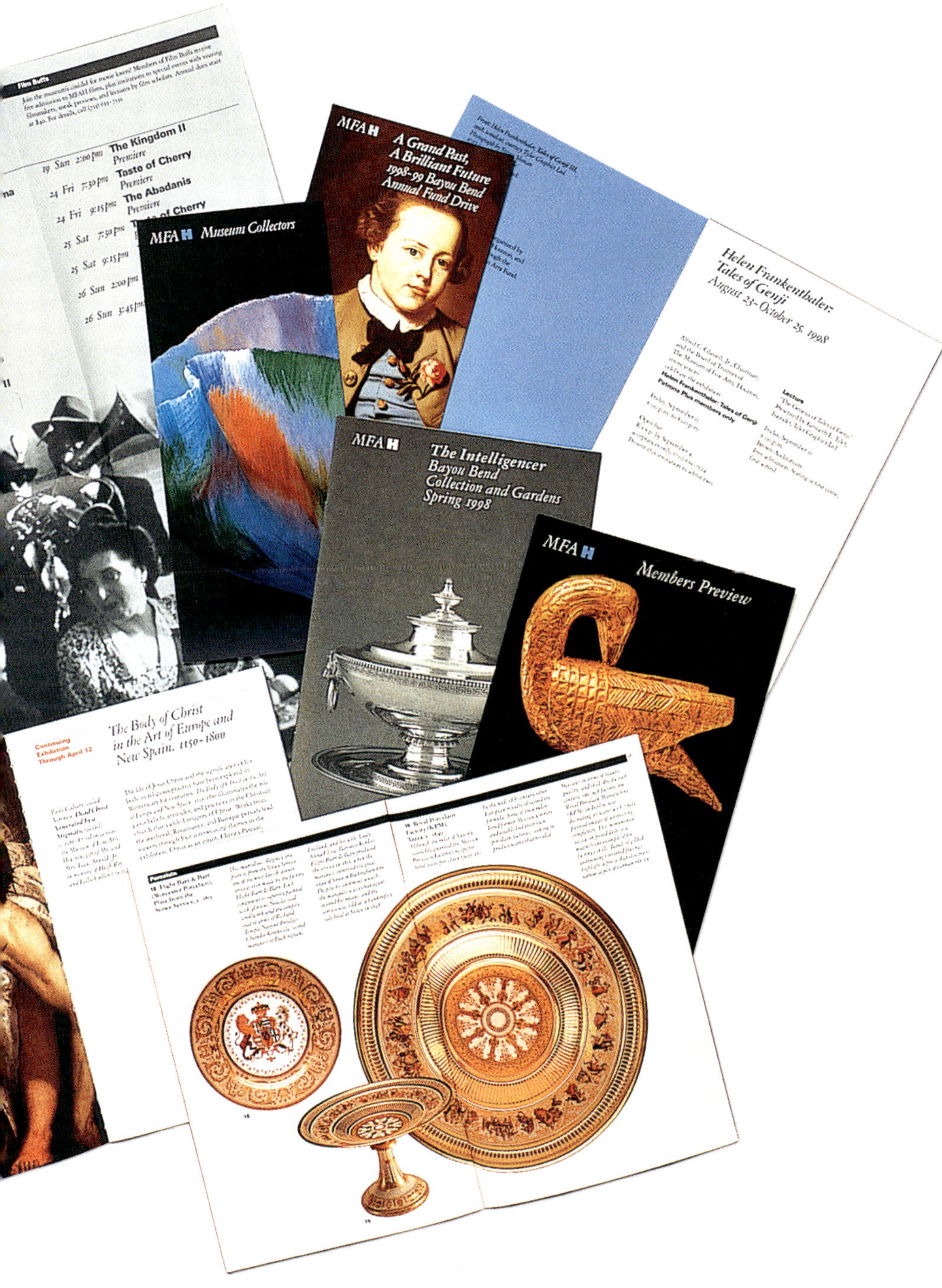
Film Buffs
The Kingdom II
Premiere
Taste of Cherry
Premiere
The Abadanis
Premiere
MFA H
A Grand Past,
A Brilliant Future
1998-99 Bayou Bend
Annual Fund Drive
MFA H Museum Collectors
Helen Frankenthaler:
Tales of Genji
August 23–October 25, 1998
MFA H
The Intelligencer
Bayou Bend
Collection and Gardens
Spring 1998
MFA H
Members Preview
Continuing
Exhibition
Through April 12
The Body of Christ
in the Art of Europe and
New Spain, 1150–1800

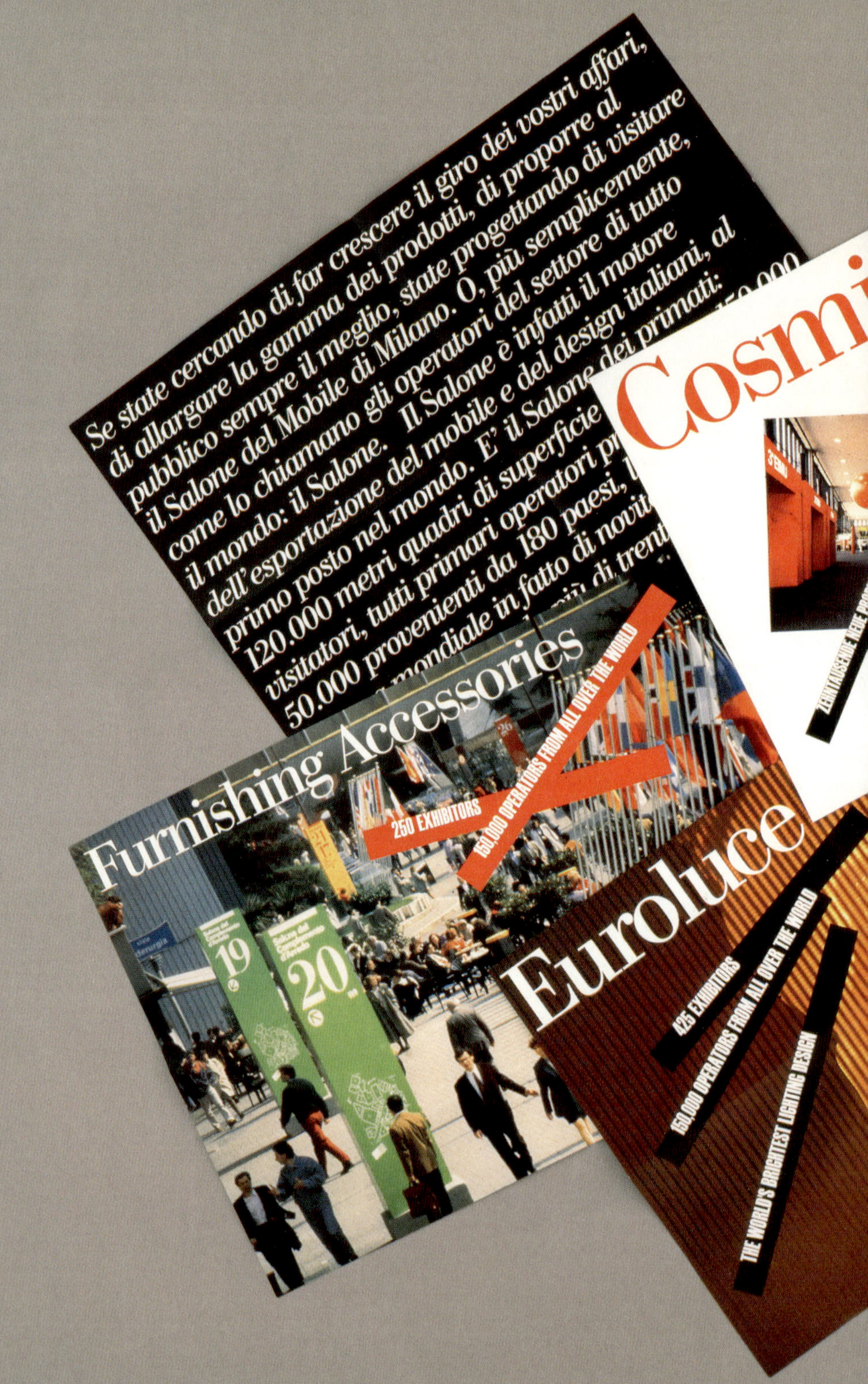
Se state cercando di far crescere il giro dei vostri affari,
di allargare la gamma dei prodotti, di proporre al
pubblico sempre il meglio, state progettando di visitare
il Salone del Mobile di Milano. O, più semplicemente,
come lo chiamano gli operatori del settore di tutto
il mondo: il Salone. Il Salone è infatti il motore
dell'esportazione del mobile e del design italiani, al
primo posto nel mondo. E' il Salone dei primati:
120.000 metri quadri di superficie
visitatori, tutti primari operatori
50.000 provenienti da 180 paesi,
mondiale in fatto di
Furnishing Accessories
250 EXHIBITORS
150,000 OPERATORS FROM ALL OVER THE WORLD
Euroluce
425 EXHIBITORS
150,000 OPERATORS FROM ALL OVER THE WORLD
THE WORLD'S BRIGHTEST LIGHTING DESIGN

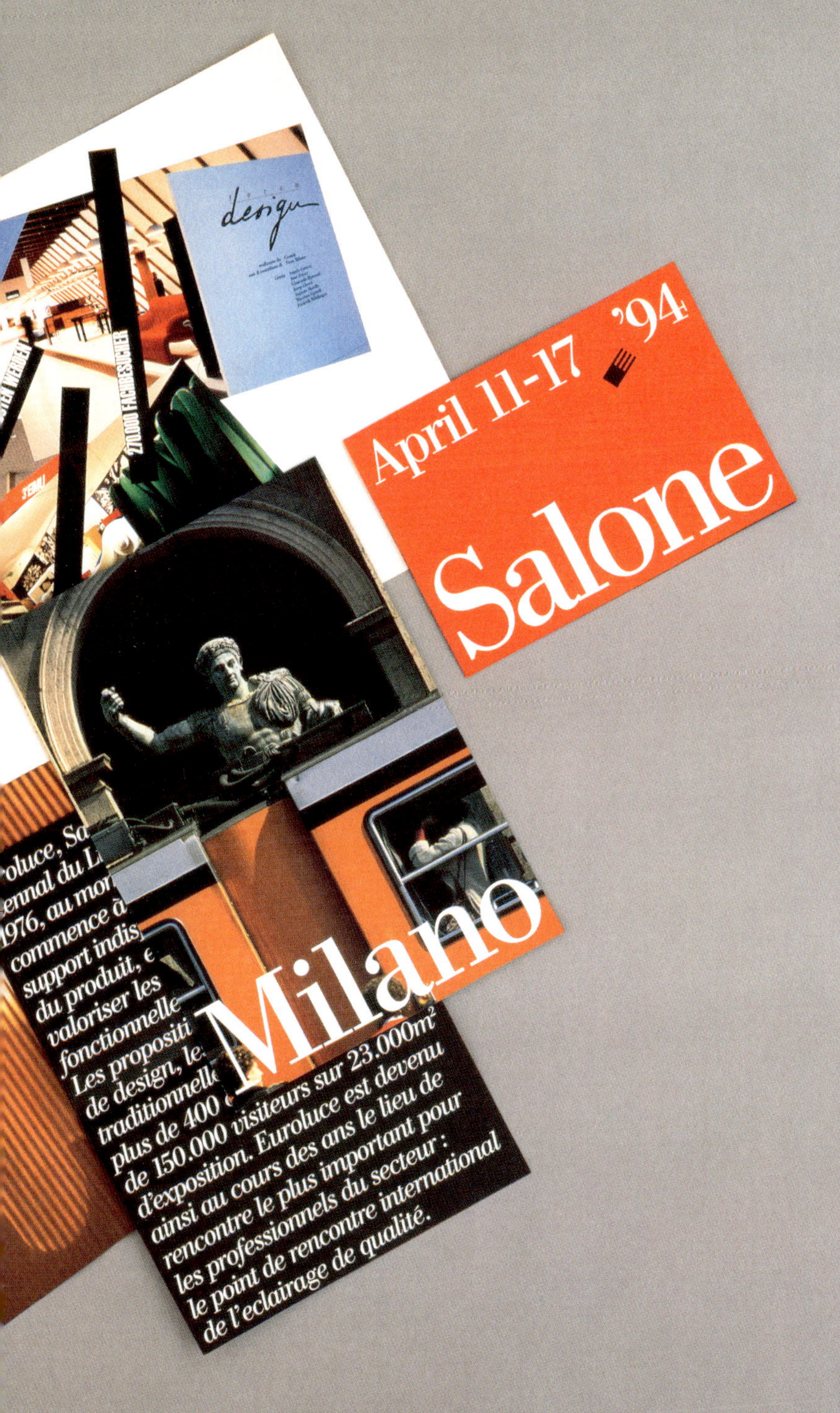
design
270.000 FACHBESUCHER
April 11-17 '94
Salone
Milano
oluce, Sa
ennal du L
976, au mon
commence à
support indis
du produit, e
valoriser les
fonctionnelle
Les propositi
de design, le
traditionnelle
plus de 400
visiteurs sur 23.000m²
de 150.000 visiteurs sur 23.000m²
d'exposition. Euroluce est devenu
ainsi au cours des ans le lieu de
rencontre le plus important pour
les professionnels du secteur :
le point de rencontre international
de l'eclairage de qualité.

the HERALD

35c

CIA in Cambodia: the real story

Answers to year-old questions, page 5

Harry Van Arsdale: Ebbing of power

Cabbies drive away from founding father, page 2.

Drugs: legal and illegal

The ethical drug industry faces new regulations, section 2, page 7

Larry Rivers designs a dress

And THE HERALD designs a world to fit, section 2, page 11

The peace movement: a week before Washington

THE HERALD reports on the movement as it is today, page 7

Creativity and making music

Pattie Smith tells what goes on inside a recording studio, page 9

April 18, 1971

No one argues that Bella Abzug isn't an event in Washington. THE HERALD spent time talking and walking with, and listening to, the freshman Congresswoman from Manhattan's West Side.

Bella Abzug: power to Congress

The hard campaigner as a tough Representative

by Louis Sepersky

Rep. Bella Abzug said Thursday that she is prepared to take court action to prevent a threatened eight per cent increase in the rents charged in city hotels which came under the jurisdiction of the 1970 Rent Stabilization Law.

The congresswoman, now completing her third month in Washington, said the city's rent guidelines board is preparing to spring the increase on those living in residential hotels, and would come on top of hikes of 15 per cent awarded three years ago.

The decision was reached without public discussion or notice, she charged, and if the increase goes into effect it will be, an inhumane blow to 10,000 elderly residents of West Side Hotels.

Mrs. Abzug made the statement during a demonstration of the elderly residents in front of the office of Roger Starr, Chairman of the Rent Guidelines Board.

For the tough congresswoman, walking the picket line was all part of her day's work. She kicked off the day with an interview on a major woman's radio program, then spent about two hours on the picket line, went to the dentist and finished off the day with a quick trip to Rhode Island for a meeting on young people's voting.

Mrs. Abzug has earned a reputation for particularly blunt talk. It is justly earned. She minces no words in attacking Congress as being excessively unresponsive to what she feels the nation wants.

High on her list is an end to the war in Vietnam and the reordering of our priorities at home. She attacks the draft as being possible unconstitutional, "It prohibits involuntary servitude," she said, and wants to rally those who support an aggressive effort for peace.

The blunt talk seems to fit her ideas of women in Congress. "With 55 per cent of how to conduct her political affairs also. Log-rolling is out with the battler from Manhattan's West Side.

The tough view she takes toward her job in Congress is a reflection of how she is. Hard-nosed. Hers is a quick mind with a firm ideological view, not a pragmatic one. She is a good reflection of what her district wants from its representative.

She worked long and hard for another West Side hero, Paul O'Dwyer, when he ran for the U.S. Senate in 1968. Abzug is an early member of the New Politics-oriented New Democratic Coalition, a blend of traditional reformers, peace-motivated activists and liberals.

There will be none of that conventional, "I'll trade you my vote for this if you'll give me your vote for that," with Mrs. Abzug. "That just isn't the way I'm going to be doing it," she said. And she made it plain that she meant it on the big things as well as on the less important matters that are the normal chips in the political game.

Part of the unresponsiveness of Congress, she feels, is this internal horse trading. But, she also feels that something can be done to move Congress. Mrs. Abzug is a firm believer in the weight of mail moving Congress. During the supersonic transport fight she feels it was the letters from home that kept Congress from approving money for the SST.

"There should be new priorities," she said, "mass transportation is more

(continued on page 2)

Diamonds in Vietnam

New facets of the widening PX scandal

by Clark Mollenhoff

WASHINGTON: Caribe Diamond, an international diamond trader operation out of Puerto Rico and New York, at one time was doing more than one million dollars a month in diamond business through the post exchange (PX) system in South Vietnam.

That central fact, established by government investigators, is at the heart of what will be one of the major scandals coming out of the Vietnam war.

Diamonds were imported into South Vietnam through the PXs to avoid high South Vietnamese customs dues. The Army-Air Force Post Exchange initially rejected Ambassador Ellsworth Bunker's suggestion that there be an import cutback on expensive jewelry.

Ambassador Bunker couldn't see how many American servicemen and diplomatic personnel could afford diamonds with price tags ranging from $1,000 to $16,000. Finally, the PX officials did settle on a $1,000 top price for diamonds sold through the military PXs.

However, Caribe Diamond continued to import the higher-value diamonds, using PX authority to avoid duties, but sold the more expensive diamonds through the International House shop in Saigon which was operated under the American embassy. The contention was that International House was a private club that was not restricted by the limitations on diamond prices imposed on the PXs.

A federal grand jury now is at work on the investigation of International House, and it is likely that there will be some indictments, including one high ranking foreign service officer.

The Senate Permanent Investigating Subcommittee, under Senator Abraham Ribicoff, has already run down most of the details of the scandal that compares with those involving former Brigadier General Earl Cole, and former Sergeant Major William Woodridge. Both Cole and Woodridge were stripped of their medals and reduced in rank. Woodridge has been indicted.

Two of the men under investigation now are Gilbert Danner and William P. Nicoles, both former officials of International House in Saigon. The two have been connected with Woodridge in other dealings.

The foreign service officer under investigation recently was ordered to report back to Washington.

The Nixon Administration is hopeful that the shock of an aggressive investigation and new indictments involving International House operations will impress the Agency for International Development (AID) with the need for some changed attitudes on the administration of the Vietnamese customs laws.

These points have emerged so far in the International House investigation:

1. Caribe Diamond had an inside track at the Post Exchange in Vietnam and had the bulk of the diamond business. Government officials are convinced that diamonds have been used as a convenient method of getting black market cash out of Vietnam.
2. Officials of Caribe Diamond made gifts of expensive jewelry to a large number of high ranking government officials.
3. Caribe Diamond was involved in customs irregularities and violation that were outlined in reports as far back as 1967. That sort of report has been sufficient justification for revocation of the right of a firm to do business through the post exchanges.

However, in the case of Caribe Diamond, United States officials simply asked the firm to correct its methods of operation and then accepted the firm's judgment that it had cleaned up its operation.

The chief of a customs advisory team authored a report as far back as 1968 in which he put his finger on the massive malfunctioning of the customs laws. The report said corruption and laxity on the part of some high officials of Vietnam permeated the program.

Since then, Carmine Bellino, the ace investigator for the Ribicoff subcommittee, uncovered the fact that U.S. officials helped advise the Vietnamese government on a way to hide $50,000,000 in foreign exchange reserved. The funds were transferred to another account to fool congress, and AID officials were frightened when they learned that Bellino had revealed the secret.

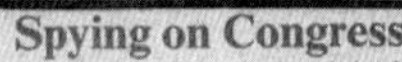

Spying on Congress

"It is a threat to our freedom. Surveillance leads to fear."

WASHINGTON, (Reuter) – Less than two weeks after House majority leader Representative Hale Boggs, Democrat of Louisiana, publicly accused the Federal Bureau of Investigation of illegally investigating members of Congress Senator Edmund Muskie, Democrat of Maine has followed suit.

Informed sources have further reported that the F.B.I. intends to shut some of their smaller offices because of security problems.

The closedown follows a series of embarassing disclosures about F.B.I. activities based on documents stolen from a field office in Media, Pennsylvania.

An underground group that dubs itself the Committee to Investigate The F. B. I. has been releasing selected documents periodically to the press, showing how J. Edgar Hoover's agency has carried out surveillance on a variety of people.

A document circulated last weekend claimed that the F. B. I investigated the 21-year-old daughter of Representative Henry Reuss, an anti-war congressman from Wisconsin.

Many F. B. I. offices are operated by as few as two or three agents plus clerical help, and are located in ordinary commercial buildings, making them easy prey for burglars.

A sizeable number of the offices have been opened only in recent years, as the Bureau took an increasingly active role in investigating the activities of anti-war groups and black militant organizations.

Sen. Muskie, the front-running contender for the Democratic Presidential nomination, charged on Wednesday that he had been subjected to F.B.I. undercover surveillance while participating in an Earth Day Rally, last year.

The Maine Senator made public a copy of an F.B.I. surveillance report on the April 22 anti-pollution rally in Wasington in which he gave a short speech.

In a prepared Senate speech Muskie urged Congress to create an independent board to oversee the F.B.I.; he said the surveillance of this and other earth day rallies raised serious questions concerning the Bureau activities.

"If there was widespread surveillance over earth day last year, is there any political activity in the country which the F.B.I. doesn't consider a legitimate subject for watching? If anti-pollution rallies are subject of intelligence concern, is anything immune."

Sen. Boggs, charged last week the F.B.I. had engaged in wire tapping of Congressional telephones and demanded the resignation of Director J. Edgar Hoover.

The Senator from Maine has also called for Hoover's resignation, but did not mention him in the prepared Senate speech, concentrating his criticism on the F.B.I. surveillance practices.

Sen. Muskie said he understood about 40 to 60 other Earth Day anti-pollution rallies had been scrutinized by the F.B.I. and that at least one other Senator's speeches and participation were subjected to surveillance.

He charged the report listing his participation along with a background appendix of two radical organizations: Students for a Democratic Society and the Progressive Labor Party, had been distributed to other Government agencies and perhaps local police, with the inherent implication that Earth Day, himself, and many thousands of Americans who gathered together to protest pollution were somehow related to S.D.S. and the Progressive Labor Party.

"There is no justification for any part of the Federal intelligence community surreptitiously observing and reporting on legitimate political events which do not affect our national security or which do not involve a potential crime," Muskie said.

"I believe our Government has reached a critical juncture in it's intelligence activities. We have clearly gone beyond the limits that a free society should impose on our central Goverenment's surveillance."

He said the F.B.I.'s surveillance of Earth Day activities indicated excessive zeal. "Is there any citizen involved in politics who is not a potential subject for an F.B.I. dossier? How much of American political life is recorded, from the perspective of the F.B.I., and stored for quiet use by federal and local agencies?"

"It is a threat to our freedom. Surveillance leads to fear."

Changing faces in Moscow

The 24th Communist Party Congress changes staff and offers peace

MOSCOW (Reuter): The Soviet Communist Party's 24th Congress, which ended last week, put a new aura of statesmanship around General Secretary Leonid Brezhnev.

This, combined with the general feeling of stability which the Kremlin assembly generated, will stand Russia in good stead in its declared intention of seeking to ease tensions abroad and attempting to create a better life for its citizens at home.

In a congress whose keynote was "consolidation", Brezhnev called for better relations with both of Moscow's rival superpowers, the United States and China. But his message was also that the Soviet Union could manage on its own if Washington and Peking were not willing to cooperate.

Moscow's defenses could repel any aggressor without deflecting from attempts to improve the quality of life at home, he said.

Whether he spoke of foreign affairs, the economy or life in Soviet society, Brezhnev, 64, was careful never to deviate from safe middle ground.

It was very much Brezhnev's Congress. He delivered only one of the two major reports, but only his was televised live – for all six hours. Delegates praised him in their speeches and he received a standing ovation at the end of the Congress.

Soviet newspapers Saturday put his name well ahead of his colleagues in official announcement of the end of the Congress.

A comparison with the equivalent announcement after the last Congress in 1966 emphasized his growing status.

The party newspaper Pravda printed its announcement on the front page and announced Brezhnev's renomination as General Secretary in the second sentence.

This sentence was absent in the paper's 1966 report, which was printed on page two. Brezhnev's position as chief was also listed along with the other two party secretaries in the fourth and fifth sentences.

The Congress ended with the top party leadership, the Politburo, enlarged by four to 15 members but with no changes in powerful Party Secretariat.

The Central Committee itself, the guiding organ of the party, was increased from 189 to 241 members. These included 87 new members, but there were no dramatic personnel changes.

Compared with the Politburo listing given after the 1966 meeting, Prime Minister Alexei Kosygin, 67, dropped one place to third, but this was not seen as representing an important shift of power within the Politburo.

Observers felt it was more of a gesture to raise the status within the party hierarchy of the head of state, Nikolai Podgorney, who swapped places with Kosygin in the listing.

Alexander Shelepin, at 52 the youngest member of the Politburo, was listed 11th compared with seventh in 1966. Once a First Deputy Premier and a member of the Party Secretariat, Shelepin was first demoted in 1967 when he was appointed labor union chief. No member of the top leadership lost his job and the four new Politburo members were all promoted from within the top hierarchy. They are Moscow Party Chief Viktor Grishin, 57, Kazakhstan Party Chief Dinmukhamed Kunayev, 59, Ukranian Premier Vladimir Shcherbitsky, 53, and Fyodor Kulakov, 53, the Party Secretariat's agriculture expert.

With their inclusion, the average age of the Politburo dropped from 63 to 61.

Kosygin delivered the Congress report on the economy, but foreign analysts here found little new in the document, based on the draft five-year plan directives published in February.

Brezhnev's report on the main lines of party activity and policy set the tone for the Congress, and indeed for Kremlin policy in the five years until the next such gathering is held.

On China he denounced the "splitting" policies of its leaders, who had launched a virulent new propaganda campaign against Russia's new "Tsars" less than two weeks before the Congress convened.

But he expressed confidence that friendly relations would eventually be established.

Brezhnev reaffirmed Moscow's stern disapproval of American activity in Indochina and the Middle East, accusing Washington of running its foreign policy in zigzags but declaring that an improvement in

(continued on page 4)

BRUSSELES	U.K.	EUROPE/US	GERMANY	FRANCE	CEE
Is NATO obsolete?	Sterling pound gains against dollar	Eurocommunism does not exist: Longo/Kissinger	Is the Baader terror linked to the Italian one?	A mysterious wave of antisemitism	Elections when?

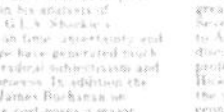

New terror in Rome. Postal employee shot in the legs

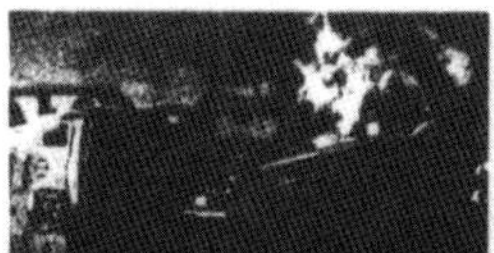

Otto Grunder, 43, a career diplomat is Bonn's spy from East

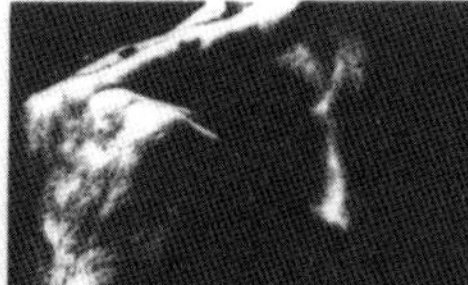

North Sea oil spill won't endanger quality of water

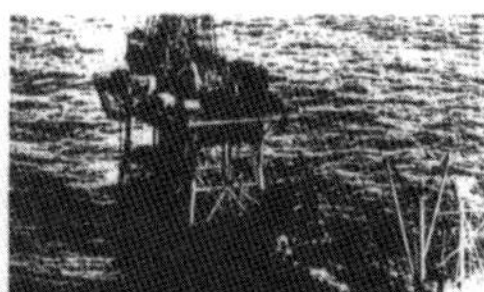

THE EUROPEAN JOURNAL

The only European daily in America

La Stampa · Die Welt · Le Monde · The Times with The Observer

outlet for publishing new contributions by contemporary Austrian theorists. With this resurgence, the future offers

great opportunities for

The jobless in Germany will be more than 2 million

those working in Austrian Economies. For a number of years there have been only a few scholars actively writing in the Austrian tradition. However, there has recently been quite a resurgence of scholarly interest in Austrian economies. Much of this interest has been stimulated by those who studied in von Mises' advanced seminar at New York University. Evidence of this resurgence is abundant as the following indicate: This summer over twenty-five scholars spent three months doing research in the Austrian tradition at the Institute for Humane Studies (Menlo Park, CA) with grants provided by the Liberty Fund. Most of the participants were graduate students or recent Ph.D's. In the last four years there have been twelve major conferences on Austrian economies and additional conferences are being scheduled for the future. The Austrian Economics Seminar is now in its third year of monthly meetings at NYU. The express purpose of this seminar is to encourage scholars interested in the Austrian approach to present working papers for comments and criticism. This academic envi- and communication device for those working in Austrian Economies. For a number of years there have been only a few scholars actively writing in the Austrian tradition. However, there has recently been quite a resurgence of scholarly interest in Austrian economies. Much of this interest has been stimulated by those who studied in von Mises' advanced seminar at New York University. Evidence of this resurgence is abundant as the following indicate: This summer over twenty-five scholars spent three months doing research in the Austrian tradition at the Institute for Humane Studies (Menlo Park, CA) with grants provided by the Liberty Fund. Most of the participants were graduate students or recent Ph.D's. In the last four years there have been twelve major conferences on Austrian economies and additional conferences are being scheduled for the future. The Austrian Economics Seminar is now in its third year of monthly meetings at NYU. The express purpose of this seminar is to encourage scholars interested in the Austrian approach to present working papers for comments and criticism. This academic environment has proved helpful in stimulating young scholars to integrate their independent research pursuits with that of their colleagues. An impressive series of lectures by Austrian economists was held at the University of Chicago this past year, a program to be expanded by the Cato Institute

ronment has proved helpful in stimulating young scholars to integrate their independent research pursuits with that of their colleagues. An impressive series of lectures by Austrian economists was held at the University of Chicago this past year, a program to be expanded by the Cato Institute to other universities. At present there are Austrians doing graduate work at a number of major universities including UCLA, Harvard, Virginia, Chicago, and of course NYU. In recent years several new Austrian works have been published. The newly established *Studies in Economic Theory* series promises to republish all of the Austrian works now out of print, and will provide a valuable outlet for publishing new contributions by contemporary Austrian theorists. With this resurgence, the future offers great opportunities for Austrians. Several insights, long of interest to Austrians, are at present being discussed by the economic profession. For example, Sir John Hicks' recent work has focused on the unique role of time in economies. Alex Leijonhufvud has incorporated Austrian ideas on the to other universities. At present there are Austrians doing graduate work at a number of major universities including UCLA, Harvard, Virginia, Chicago, and of course NYU. In recent years several new Austrian works have been published. The newly established *Studies in Economic Theory* series promises to republish all of the Austrian works now out of print, and will provide a valuable outlet for publishing new contributions by contemporary Austrian theorists. With this resurgence, the future offers great opportunities for Austrians. Several insights, long of interest to Austrians, are at present being discussed by the economic profession. For example, Sir John Hicks' recent work has focused on the unique role of time in economics. Alex Leijonhufvud has incorporated Austrian ideas on the importance of relative price changes in his analysis of inflation. G.L.S. Shackle's writings on time, uncertainty and knowledge have generated much work on radical subjectivism and market process. In addition the work of James Buchanan on subjective cost poses a major challenge to the current em phasis on the measurement of costs. Finally, with F.A. Hayek's recent Nobel Prize, Austrian ideas are being noticed. Unfortunately many individuals concerned with Austrian economics are not aware of the rapid growth of interest in these ideas. Many of these individuals have been working in isolation with little knowledge of the re-

Mitterand tells of his meeting with Carter: They never spoke about PCF

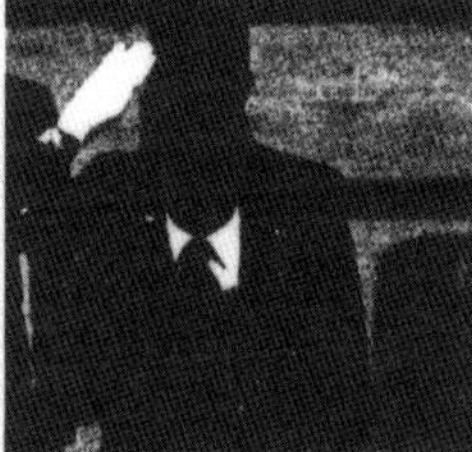

those working in Austrian Economies. For a number of years there have been only a few scholars actively writing in the Austrian tradition. However, there has recently been quite a resurgence of scholarly interest in Austrian economies. Much of this interest has been stimulated by those who studied in von Mises' advanced seminar at New York University. Evidence of this resurgence is abundant as the following indicate: This summer over twenty-five scholars spent three months doing research in the Austrian tradition at the Institute for Humane Studies (Menlo Park, CA) with grants provided by the Liberty Fund. Most of the participants were graduate students or recent Ph.D's. In the last four years there have been twelve major conferences on Austrian economies and additional conferences are being scheduled for the future. The Austrian Economics Seminar is now in its third year of monthly meetings at NYU. The express purpose of this seminar is to encourage scholars interested in the Austrian approach to present working papers for comments and criticism. This academic environment has proved helpful in stimulating young scholars to integrate their independent research pursuits with that of their colleagues. An impressive series of lectures by Austrian economists was held at the University of Chicago this past year, a program to be expanded by the Cato Institute

to other universities. At present there are Austrians doing graduate work at a number of major universities including UCLA, Harvard, Virginia, Chicago, and of course NYU. In recent years several new Austrian works have been published. The newly established *Studies in Economic Theory* series promises to republish all of the Austrian works now out of print, and will provide a valuable outlet for publishing new contributions by contemporary Austrian theorists. With this resurgence, the future offers great opportunities for Austrians. Several insights, long of interest to Austrians, are at present being discussed by the economic profession. For example, Sir John Hicks' recent work has focused on the unique role of time in economics. Alex Leijonhufvud has incorporated Austrian ideas on the importance of relative price changes in his analysis of inflation. G.L.S. Shackle's writings on time, uncertainty and knowledge have generated much work on radical subjectivism and market process. In addition the work of James Buchanan on subjective cost poses a major challenge to the current em phasis on the measurement of costs. Finally, with F.A. Hayek's recent Nobel Prize, Austrian ideas are being noticed. Unfortunately many individuals concerned with Austrian economics are not aware of the rapid growth of interest in these ideas. Many of these individuals have been working in isola

How Callaghan has won the fight with the firefighter

those working in Austrian Economies. For a number of years there have been only a few scholars actively writing in the Austrian tradition. However, there has recently been quite a resurgence of scholarly interest in Austrian economies. Much of this interest has been stimulated by those who studied in von Mises' advanced seminar at New York University. Evidence of this resurgence is abundant as the following indicate: This summer over twenty-five scholars spent three months doing research in the Austrian tradition at the Institute for Humane Studies (Menlo Park, CA) with grants provided by the Liberty Fund. Most of the participants were graduate students or recent Ph.D's. In the last four years there have been twelve major conferences on Austrian economies and additional conferences are being scheduled for the future. The Austrian Economics Seminar is now in its third year of monthly meetings at NYU. The express purpose of this seminar is to encourage scholars interested in the Austrian approach to present working papers for comments and criticism. This academic envi- and communication device for those working in Austrian Economies. For a number of years there have been only a few scholars actively writing in the Austrian tradition. However, there has recently been quite a resurgence of scholarly interest in Austrian economies. Much of this interest has been stimulated by those who studied in von Mises' advanced seminar at New York University. Evidence of this resurgence is abundant as the following indicate: This summer over twenty-five scholars spent three months doing research in the Austrian tradition at the Institute for Humane Studies (Menlo Park, CA) with grants provided by the Liberty Fund. Most of the participants were graduate students or recent Ph.D's. In the last four years there have been twelve major conferences on Austrian economies and additional conferences are being scheduled for the future. The Austrian Economics Seminar is now in its third year of monthly meetings at NYU. The express purpose of this seminar is to encourage scholars interested in the Austrian approach to present working papers for comments and criticism. This academic environment has proved helpful in stimulating young scholars to integrate their independent research pursuits with that of their colleagues. An impressive series of lectures by Austrian economists was held at the University of Chicago this past year, a program to be expanded by the Cato Institute

ronment has proved helpful in stimulating young scholars to integrate their independent research pursuits with that of their colleagues. An impressive series of lectures by Austrian economists was held at the University of Chicago this past year, a program to be expanded by the Cato Institute to other universities. At present there are Austrians doing graduate work at a number of major universities including UCLA, Harvard, Virginia, Chicago, and of course NYU. In recent years several new Austrian works have been published. The newly established *Studies in Economic Theory* series promises to republish all of the Austrian works now out of print, and will provide a valuable outlet for publishing new contributions by contemporary Austrian theorists. With this resurgence, the future offers great opportunities for Austrians. Several insights, long of interest to Austrians, are at present being discussed by the economic profession. For example, Sir John Hicks' recent work has focused on the unique role of time in economies. Alex Leijonhufvud has incorporated Austrian ideas on the to other universities. At present there are Austrians doing graduate work at a number of major universities including UCLA, Harvard, Virginia, Chicago, and of course NYU. In recent years several new Austrian works have been published. The newly established *Studies in Economic Theory* series promises to republish all of the Austrian works now out of print, and will provide a valuable outlet for publishing new contributions by contemporary Austrian theorists. With this resurgence, the future offers great opportunities for Austrians. Several insights, long of interest to Austrians, are at present being discussed by the economic profession. For example, Sir John Hicks' recent work has focused on the unique role of time in economics. Alex Leijonhufvud has incorporated Austrian ideas on the importance of relative price changes in his analysis of inflation. G.L.S. Shackle's writings on time, uncertainty and knowledge have generated much work on radical subjectivism and market process. In addition the work of James Buchanan on subjective cost poses a major challenge to the current em phasis on the measurement of costs. Finally, with F.A. Hayek's recent Nobel Prize, Austrian ideas are being noticed. Unfortunately many individuals concerned with Austrian economics are not aware of the rapid growth of interest in these ideas. Many of these individuals have been working in isolation with little knowledge of the re-

Grandi Stazioni S.p.A. 7 Giugno, 1999 Pagina 6

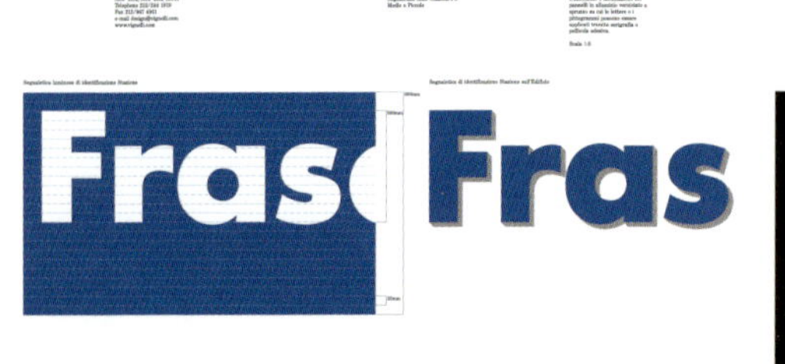

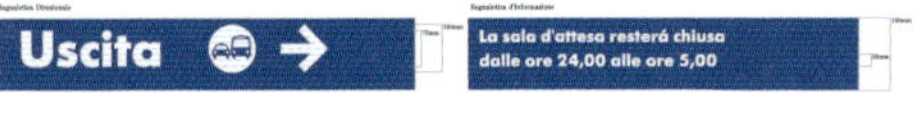

Grandi Stazioni S.p.A. 7 Giugno, 1999 Pagina 8

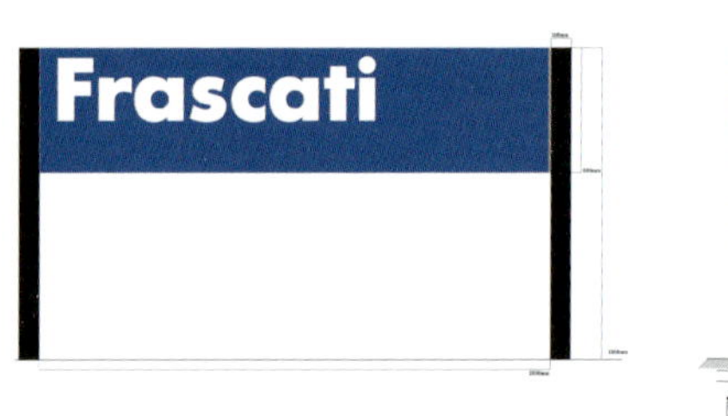

Grandi Stazioni S.p.A. 7 Giugno, 1999 Pagina 9

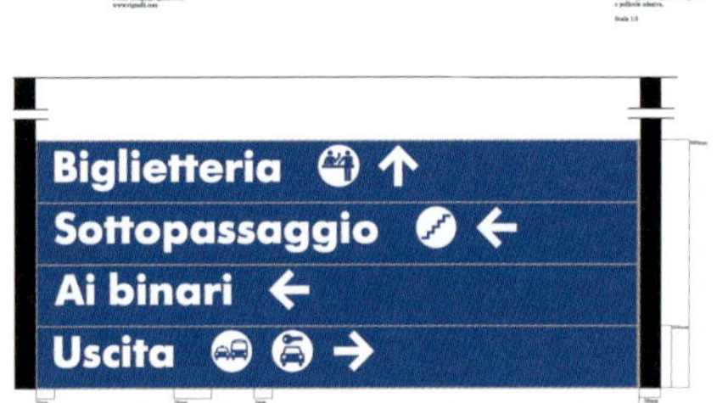

Grandi Stazioni S.p.A. 7 Giugno, 1999

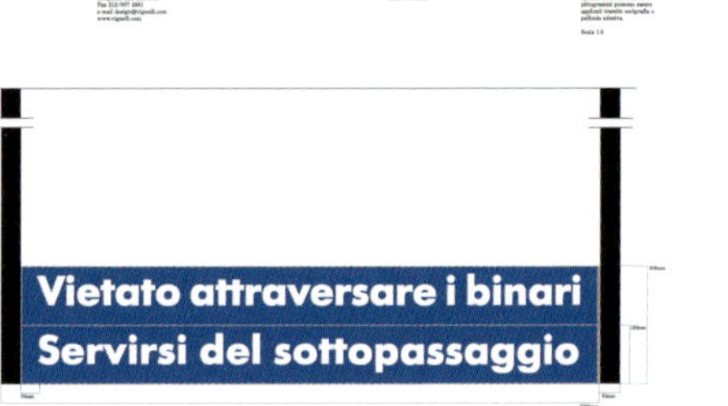

Grandi Stazioni S.p.A. 7 Giugno, 1999

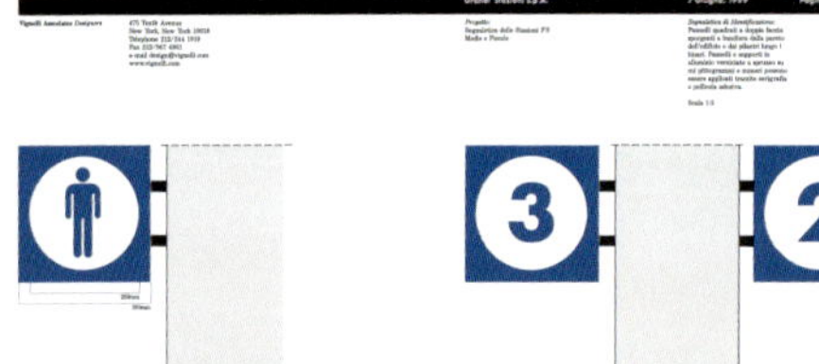

Grandi Stazioni S.p.A. 7 Giugno, 1999

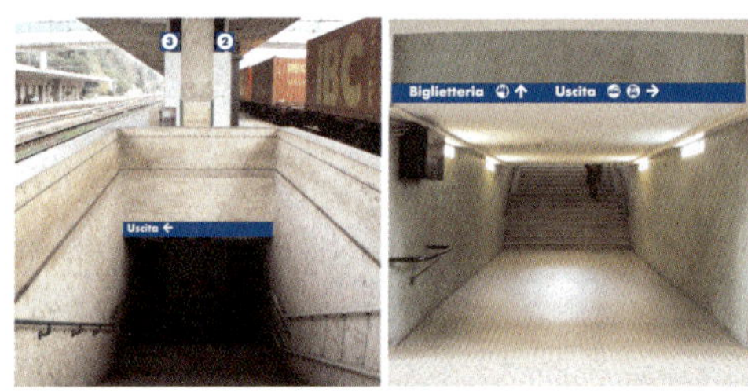

Henri Pirenne
Storia d'Europa
dalle invasioni al XVI secolo
Biblioteca Sansoni
G. Volpe
Il Medio Evo
Biblioteca Sansoni
Quanti e realtà
a cura di Stephen Toulmin
Biblioteca Sansoni
É. Dolléans
Storia
del movimento
operaio
1/1830-1871
Biblioteca Sansoni
Uomo e mito
nelle società
primitive
a cura di C.Leslie
Biblioteca Sansoni
D. Tschižewskij
Storia dello
spirito russo
Biblioteca Sansoni

Linksbündig, zentriert, Blocksatz

In den meisten Fällen richten wir unsere Texte linksbündig aus. Diese Art Ausrichtung stammt aus dem Bleisatz, besonders mit der Linotype. Es ging schneller, linksbündig zu setzen, statt jede Zeile exakt zu unterschneiden. Darüber hinaus macht diese Ausrichtung mehr Sinn, weil wir in unserer Kultur von links nach rechts lesen und es für das Auge einfacher ist, in die nächste Zeile zu springen, statt laufend Zeilenumbrüche zu verarbeiten. Trotzdem ist es wichtig, die flatternde Seite im Blick zu haben und hin und wieder Text von einer Zeile in die nächste zu ziehen, um eine schönere Kontur zu erzielen. Das mag zeitaufwendig sein, lohnt sich aber in ästhetischer Hinsicht.

Zentriert setzen wir kurze Texte, Einladungen oder rhetorische Floskeln, zu denen es passt, sowie die Adresse am Fuss eines Geschäftsbogens oder Text auf Visitenkarten.

Blocksatz kommt eher bei Lehrbüchern zum Einsatz, ist aber nicht unsere erste Wahl, weil er prinzipiell ein künstliches Konstrukt ist.

Lorem ipsum dolor sit amet, in maecenas pharetra gravida ullamcorper neque. Sed hendrerit proin diam duis eu, cursus odio placerat ultrices adipiscing lectus ornare, ut velit nonummy, quidem vitae turpis enim. Adipiscing a lectus, scelerisque tempus vivamus ac. Arcu fermentum nibh, turpis pharetra gravida urna pellentesque vel, mi sodales, justo congue pretium lectus condimentum, quisque diam consectetur interdum. Aliquam proin et magnis sit augue, nisl in quos odio eu odio, pellentesque suspendisse nec non pulvinar dui cras, sollicitudin at.

Lorem ipsum dolor sit amet, in maecenas pharetra gravida ullamcorper neque. Sed hendrerit proin diam duis eu, cursus odio placerat ultrices adipiscing lectus ornare, velit nonummy, quidem vitae turpis enim.

Lorem ipsum dolor sit amet, in maecenas pharetra gravida ullamcorper neque. Sed hendrerit proin diam duis eu, cursus odio placerat ultrices adipiscing lectus ornare, ut velit nonummy, quidem vitae turpis enim. Adipiscing a lectus, scelerisque tempus vivamus ac. Arcu fermentum nibh, turpis pharetra gravida urna pellentesque vel, mi sodales, justo congue pretium lectus condimentum, quisque diam consectetur interdum. Aliquam proin et magnis sit augue, nisl in quos odio eu odio, pellentesque suspendisse nec non pulvinar dui cras, sollicitudin at.

Schriftgrössen und -verhältnisse

Wir haben ein paar satztechnische Grundregeln. Die Wahl der korrekten Schriftgrösse ergibt sich aus dem Verhältnis zur Spaltenbreite:

- 8/9 pt, 9/10 pt, 10/11 pt für Spalten bis 70 mm
- 12/13 pt, 14/16 pt für Spalten bis 140 mm
- 16/18 pt, 18/20 pt für breitere Spalten

Natürlich kann von Fall zu Fall ein anderes Grössenverhältnis gefordert sein. Geht es um plakative Texte, setzen wir die Schrift wesentlich grösser oder erweitern den Durchschuss, um bestimmte Effekte zu erzielen. Grundsätzlich beschränken wir uns auf maximal zwei Schriftgrössen pro Seite, allerdings gibt es Ausnahmen. Wir stellen kleine Schriftgrössen gern in Kontrast mit einer grösseren – die in der Regel doppelt so gross ist (also einen Text in 10 pt mit Überschriften in 20 pt). Am liebsten verwende ich dieselbe Grösse für Überschriften und Unterüberschriften, die ich beide fett setze und durch einen Zeilenabstand oberhalb und einen direkten Anschluss unterhalb beziehungsweise einen doppelten Zeilenabstand oberhalb und einen einfachen unterhalb kennzeichne, je nach Kontext. Bei Büchern legen wir besonderen Wert auf Kontinuität bei der Schriftgrösse, was ausserdem effizienter ist, da man Stilvorlagen festlegen und sich daran halten kann. Wir bemühen uns um typografische Kompositionen, die intellektuelle Eleganz statt grelle Vulgarität zum Ausdruck bringen. Das erreichen wir mit typografischen Stilmitteln: einem ausgewogenen Durchschuss im Gesamtkontext, einem ausgewogenen Verhältnis von Grund- und Kursivschrift, einer gleichmässigen Laufweite, knapper Unterschneidung, dem Einsatz von Linien, wenn angebracht (um Teile des Inhalts voneinander abzusetzen), sowie einer sinnvollen Verwendung von fetten, normalen und mageren Schriftstärken. Wir halten nichts davon, Schrifttypen dekorativ zu verwenden; die Deformierung von Schriften in jeder Form finden wir geradezu erschreckend. Allerdings gibt es Kontexte, wie etwa im Verpackungsdesign, wo sich mit einer flexibleren Herangehensweise bessere Ergebnisse erzielen lassen. Doch selbst dort sollte man sehr massvoll sein.

Title

Lorem ipsum dolor sit amet, in maecenas pharetra gravida ullamcorper neque. Sed hendrerit proin diam duis eu, cursus odio placerat ultrices adipiscing lectus ornare, ut velit nonummy, quidem vitae turpis enim. Adipiscing a lectus, scelerisque tempus vivamus ac. Arcu fermentum nibh, turpis pharetra gravida urna pellentesque vel, mi sodales, justo congue pretium lectus condimentum, quisque diam consectetur interdum. Aliquam proin et magnis sit augue, nisl in quos odio eu odio, pellentesque suspendisse nec non pulvinar dui cras, sollicitudin at.

Title

Lorem ipsum dolor sit amet, in maecenas pharetra gravida ullamcorper neque. Sed hendrerit proin diam duis eu, cursus odio placerat ultrices adipiscing lectus ornare, ut velit nonummy, quidem vitae turpis enim. Adipiscing a lectus, scelerisque tempus vivamus ac. Arcu fermentum nibh, turpis pharetra gravida urna pellentesque vel, mi sodales, justo congue pretium lectus condimentum, quisque diam consectetur interdum. Aliquam proin et magnis sit augue, nisl in quos odio eu odio, pellentesque suspendisse nec non pulvinar dui cras, sollicitudin at.

Title

Lorem ipsum dolor sit amet, in maecenas pharetra gravida ullamcorper neque. Sed hendrerit proin diam duis eu, cursus odio placerat ultrices adipiscing lectus ornare, ut velit nonummy, quidem vitae turpis enim. Adipiscing a lectus, scelerisque tempus vivamus ac.

Arcu fermentum nibh, turpis pharetra gravida urna pellentesque vel, mi sodales, justo congue pretium lectus condimentum, quisque diam consectetur interdum. Aliquam proin et magnis sit augue, nisl in quos odio eu odio, pellentesque suspendisse nec non pulvinar dui cras, sollicitudin at.

Linien

Sobald wir mit Linien arbeiten, lege ich eine Abstufung von Linienstärken fest, um die verschiedenen Textebenen zu verdeutlichen. Bei Formularen etwa setzen fettere Linien (2 pt) die Hauptteile des Texts voneinander ab. Magerere Linien (0,5 pt oder 1 pt) gliedern Unterpunkte innerhalb der einzelnen Formularabschnitte. In einem solchen Fall liegt die Schriftgrösse zwischen den Linien bei 8 pt und schliesst stets enger an die jeweils obere Linie an. Schrift sollte stets von der Linie «hängen», egal wie gross sie ist – eine weitere, kleine, aber bedeutsame Regel in meinem Kanon.
Ich hege eine besondere Leidenschaft und grossen Respekt für die Typografie und habe stets versucht, so viel wie möglich von den grossen Meistern zu lernen. Die meisten hier ausgeführten Prinzipien wurden von den Grössen des 20. Jahrhunderts praktiziert. Die Grundregeln der Typografie entstanden vor langer Zeit – doch wie wunderbare Partituren wurden sie von vielen begabten Künstlern auf die verschiedenste Weise interpretiert. Sie alle haben auf ihre Weise Spuren hinterlassen und uns neue Horizonte eröffnet.

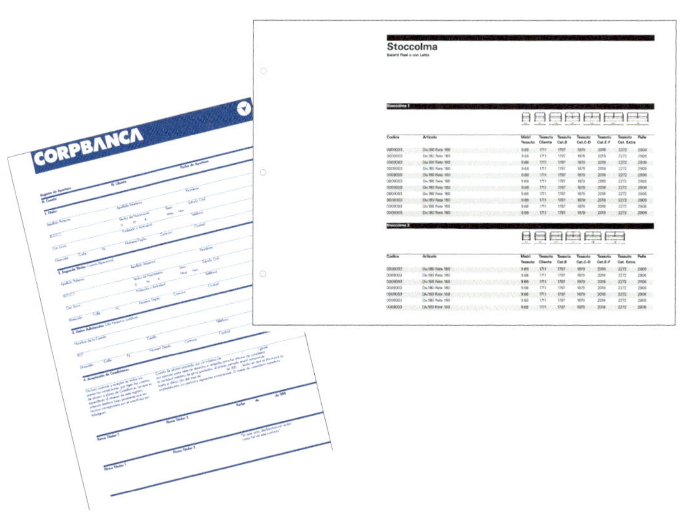

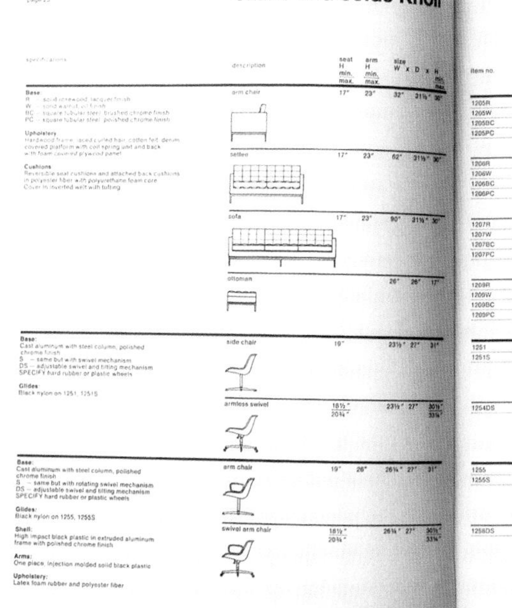

page 25

chairs and sofas Knoll

specifications	description	seat H min. max.	arm H min. max.	size W	x D	x H min. max.
Base: R — solid rosewood, lacquer finish; W — solid walnut, oil finish; BC — square tubular steel, brushed chrome finish; PC — square tubular steel, polished chrome finish. **Upholstery:** Hardwood frame, laced curled hair, cotton felt, denim covered platform with coil spring unit and back with foam covered plywood panel. **Cushions:** Reversible seat cushions and attached back cushions in polyester fiber with polyurethane foam core. Cover in inverted welt with tufting	arm chair	17"	23"	32"	31½"	30"
	settee	17"	23"	62"	31½"	30"
	sofa	17"	23"	90"	31½"	30"
	ottoman			26"	26"	17"
Base: Cast aluminum with steel column, polished chrome finish; S — same but with swivel mechanism; DS — adjustable swivel and tilting mechanism; SPECIFY hard rubber or plastic wheels. **Glides:** Black nylon on 1251, 1251S	side chair	19"		23½"	27"	31"
	armless swivel	18½" / 20¾"		23½"	27"	30½" / 33¼"
Base: Cast aluminum with steel column, polished chrome finish; S — same but with rotating swivel mechanism; DS — adjustable swivel and tilting mechanism; SPECIFY hard rubber or plastic wheels. **Glides:** Black nylon on 1255, 1255S. **Shell:** High impact black plastic in extruded aluminum frame with polished chrome finish. **Arms:** One piece, injection molded solid black plastic. **Upholstery:** Latex foam rubber and polyester fiber	arm chair	19"	26"	26¼"	27"	31"
	swivel arm chair	18½" / 20¾"		26¼"	27"	30½" / 33¼"

item no.	fabric list price $	plastic list price $	leather list price $	wrap lbs.	pack lbs.	cube cu.ft.
1205R	437.00 + 6½ yards	471.00 + 6½ yards	519.00 + 110½ sq. feet	79	121	18
1205W	427.00 + 6½ yards	461.00 + 6½ yards	509.00 + 110½ sq. feet	79	121	18
1205BC	459.00 + 6½ yards	493.00 + 6½ yards	541.00 + 110½ sq. feet	84	126	18
1205PC	474.00 + 6½ yards	508.00 + 6½ yards	556.00 + 110½ sq. feet	84	126	18
1206R	719.00 + 11 yards	780.00 + 11 yards	852.00 + 187 sq. feet	129	221	34
1206W	695.00 + 11 yards	756.00 + 11 yards	828.00 + 187 sq. feet	129	221	34
1206BC	725.00 + 11 yards	786.00 + 11 yards	858.00 + 187 sq. feet	140	232	34
1206PC	745.00 + 11 yards	806.00 + 11 yards	878.00 + 187 sq. feet	140	232	34
1207R	959.00 + 15 yards	1054.00 + 15 yards	1135.00 + 255 sq. feet	183	270	49
1207W	919.00 + 15 yards	1014.00 + 15 yards	1095.00 + 255 sq. feet	183	270	49
1207BC	961.00 + 15 yards	1056.00 + 15 yards	1137.00 + 255 sq. feet	183	270	49
1207PC	986.00 + 15 yards	1081.00 + 15 yards	1162.00 + 255 sq. feet	183	270	49
1209R	261.00 + 3 yards	286.00 + 3 yards	311.00 + 51 sq. feet	46	55	7
1209W	246.00 + 3 yards	271.00 + 3 yards	296.00 + 51 sq. feet	46	55	7
1209BC	276.00 + 3 yards	301.00 + 3 yards	326.00 + 51 sq. feet	46	55	7
1209PC	286.00 + 3 yards	311.00 + 3 yards	336.00 + 51 sq. feet	46	55	7
1251	170.00 + 1 yard	170.00 + 1 yard	170.00 + 17 sq. feet	32	50	13
1251S	180.00 + 1 yard	180.00 + 1 yard	180.00 + 17 sq. feet	32	50	13
1254DS	195.00 + 1 yard	195.00 + 1 yard	195.00 + 17 sq. feet	40	58	12
1255	190.00 + 1 yard	190.00 + 1 yard	190.00 + 17 sq. feet	34	52	13
1255S	200.00 + 1 yard	200.00 + 1 yard	200.00 + 17 sq. feet	34	52	13
1256DS	215.00 + 1 yard	215.00 + 1 yard	215.00 + 17 sq. feet	42	60	13

page 19

chairs and sofas Knoll

specifications	description	seat H	arm H	size W	x D	x H
Seat and back: welded steel wire, available in three finishes: black Epoxy – shown in column A; white Fused Plastic – shown in columns B and D; polished chrome – shown in column C. **Base:** welded steel rod, available in three finishes: black Epoxy – shown in columns A and B; white Fused Plastic – shown in column D; polished chrome – shown in column C. **Upholstery:** L – Lana: all colors of Knoll Lana; H – Homespun: all colors Knoll Nylon Homespun (two tone) and (solid colors); M – Merit: all colors of Knoll Merit; P – Prestini: all colors of Knoll Prestini; N – Naugahyde: all colors of Knoll Naugahyde; C – cover; S – seat pad; SB – seat and back cover; SS – split seat pad. The No. 421 chair when ordered in Naugahyde will be upholstered with the vinyl fabric on the face of the cover and a coordinated color of Merit, Domus or Prestini on the reverse. When ordering please specify the model number, metal finish and fabric number	side chair fully upholstered	18"		21"	22½"	30"
	side chair seat pad	18"		21"	22½"	30"
	side chair seat pad back pad	18"		21"	22½"	30"
	side chair split seat pad	18"		21"	22½"	30"
	small diamond chair	17"		33¾"	28"	30½"
	small diamond chair seat pad	17"		33¾"	28"	30½"
	small diamond chair split seat pad	17"		33¾"	28"	30½"
	large diamond chair	14¾"		45"	32"	27¾"
	high backed chair	14⅝"	17⅝"	38½"	34½"	39¾"
	ottoman			24"	17¼"	14¾"
	child's chair seat pad	14½"		15¾"	16¾"	24"
	child's chair seat pad	12¼"		13½"	13¾"	20"

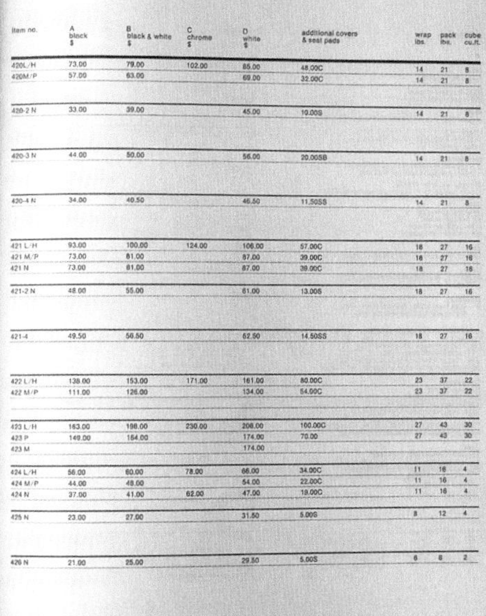

item no.	A black $	B black & white $	C chrome $	D white $	additional covers & seat pads	wrap lbs.	pack lbs.	cube cu.ft.
420L/H	73.00	79.00	102.00	85.00	48.00C	14	21	8
420M/P	57.00	63.00		69.00	32.00C	14	21	8
420-2 N	33.00	39.00		45.00	10.00S	14	21	8
420-3 N	44.00	50.00		56.00	20.00SB	14	21	8
420-4 N	34.00	40.50		46.50	11.50SS	14	21	8
421 L/H	93.00	100.00	124.00	106.00	57.00C	18	27	16
421 M/P	73.00	81.00		87.00	39.00C	18	27	16
421 N	73.00	81.00		87.00	39.00C	18	27	16
421-2 N	48.00	55.00		61.00	13.00S	18	27	16
421-4	49.50	56.50		62.50	14.50SS	18	27	16
422 L/H	138.00	153.00	171.00	161.00	80.00C	23	37	22
422 M/P	111.00	126.00		134.00	54.00C	23	37	22
423 L/H	163.00	198.00	230.00	208.00	100.00C	27	43	30
423 P	149.00	164.00		174.00	70.00	27	43	30
423 M				174.00				
424 L/H	56.00	60.00	78.00	66.00	34.00C	11	16	4
424 M/P	44.00	48.00		54.00	22.00C	11	16	4
424 N	37.00	41.00	62.00	47.00	19.00C	11	16	4
425 N	23.00	27.00		31.50	5.00S	8	12	4
426 N	21.00	25.00		29.50	5.00S	6	6	2

Kontrastierende Schriftgrössen

Der Kontrast verschiedener Grössen auf einer gedruckten Seite ist für mich einer der faszinierendsten Aspekte der Typografie. Mir gefällt besonders das Zusammenspiel von sehr grossen Schriften in Überschriften und einer wesentlich kleineren Type im Fliesstext, mit ausreichend Weissraum dazwischen. Den Weissraum halte ich für ein sehr wichtiges Element in der grafischen Komposition. Erst das Weiss bringt das Schwarz so richtig zum Klingen. Das Weiss ist für die Typografie das, was der Raum für die Architektur ist. Erst die Gliederung des Raums gibt der Architektur die vollkommene Wirkung.

Ein weiterer Aspekt ist das Verhältnis verschiedener Schriftgrössen auf einer Seite. Es ist unsere erste Grundregel, sich auf eine, maximal zwei Schriftgrössen zu beschränken. Falls nötig gibt es weitere Stilmittel – Auszeichnungen wie fett, mager, normal oder kursiv – um verschiedene Textelemente voneinander abzuheben, doch selbst hier sollte man sich auf ein Minimum beschränken. Schriftstärken lassen sich höchst wirkungsvoll einsetzen, wenn sie einer bestimmten Funktion zugeordnet sind, statt sie als farbiges Element oder, schlimmer noch, als phonetische Analogie zu missbrauchen. Menschen, die gern laut reden und dazu neigen zu schreien, wenn sie einen überzeugen wollen, steigern die Schriftgrösse und -stärke gern, um ihre Botschaft «lauter» wirken zu lassen. Darin sehe ich intellektuelle Vulgarität – von der wir uns lieber fernhalten.

In einer Welt, in der jeder schreit, fällt Stille auf. Der Weissraum bietet solche Stille. Das ist das eigentliche Wesen unserer Typografie.

Louis I. Kahn:
In the Realm of Architecture

David B. Brownlee / David G. De Long
Introduction by Vincent Scully
New Photography by Grant Mudford

Louis I Kahn

THE MUSEUM OF CONTEMPORARY ART
LOS ANGELES

RIZZOLI
NEW YORK

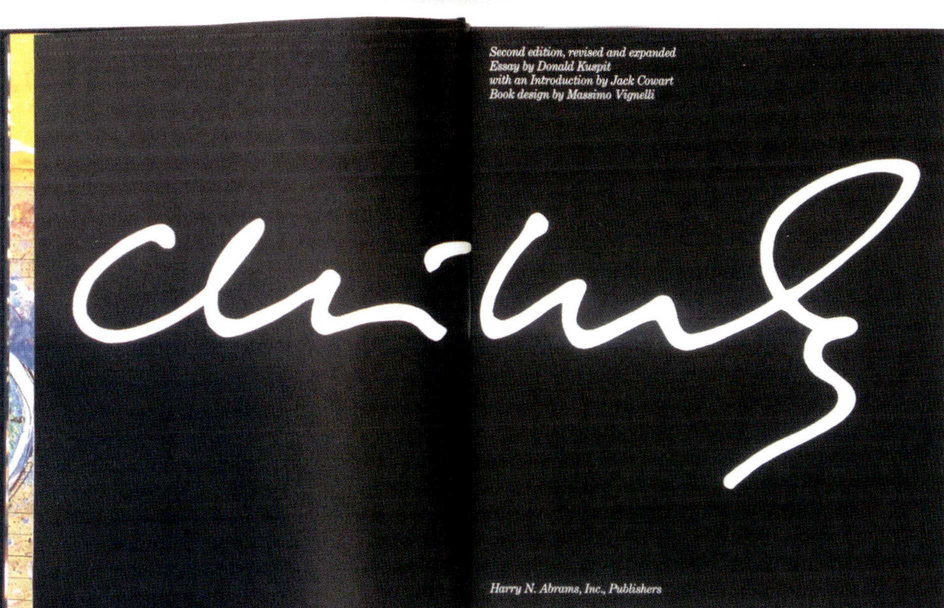

Massstab

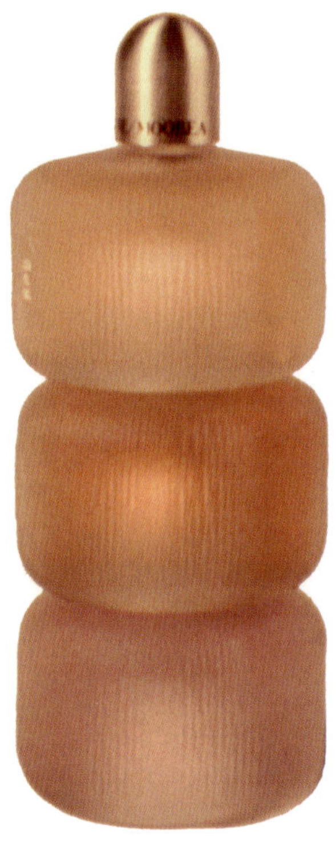

Grössenverhältnisse sind ein wesentliches Element in der Sprache der Gestaltung. Im letzten Abschnitt habe ich bereits einige Beispiele für verschiedene Grössenverhältnisse im Grafikdesign gegeben. Der natürliche Massstab ist die stimmigste Grösse eines Objekts in seinem natürlichen Kontext. Allerdings lässt sich dieser manipulieren, um in bestimmten Zusammenhängen bestimmte Wirkungen zu erzielen – indem man sich bewusst vom natürlichen Massstab löst. Das Spiel mit den Grössenverhältnissen zu verstehen ist ein lebenslanger Prozess, der voraussetzt, dass man Funktionen (konkrete wie abstrakte, physische wie psychologische) zu deuten vermag. Der Massstab ist allgegenwärtig: Er kann richtig oder falsch sein, angemessen oder unangemessen, zu klein oder zu gross für ein Thema. Die Frage des Massstabs ist unausweichlich im Design. Wir müssen lernen, mit ihr umzugehen, um welches Thema es auch geht, denn sie verzeiht keinen Fehler. Die Wahl des richtigen Materials, seiner Stärke, Textur und Farbe, seines Gewichts und Klangs, seiner Temperatur – jedes Detail stürmt auf unsere Sinne ein und fordert eine Reaktion. Es gilt deshalb, diesen Prozess zu steuern, denn nur wenn wir richtig wählen, wird die Botschaft vermittelt. Gestaltung bedeutet, jedes Detail zu kontrollieren, und der richtige Massstab gehört zu den wichtigsten. Das gilt auch für den gegenteiligen Fall, sofern die Entscheidung bewusst getroffen wird. Ein gutes Beispiel sind die Skulpturen Claes Oldenburgs, die gerade durch Manipulation des Massstabs in ihrem jeweiligen Kontext besondere Ausdruckskraft und Lebendigkeit gewinnen.

Die Manipulation des Massstabs setzt voraus, sich dessen Bedeutung voll bewusst zu sein.

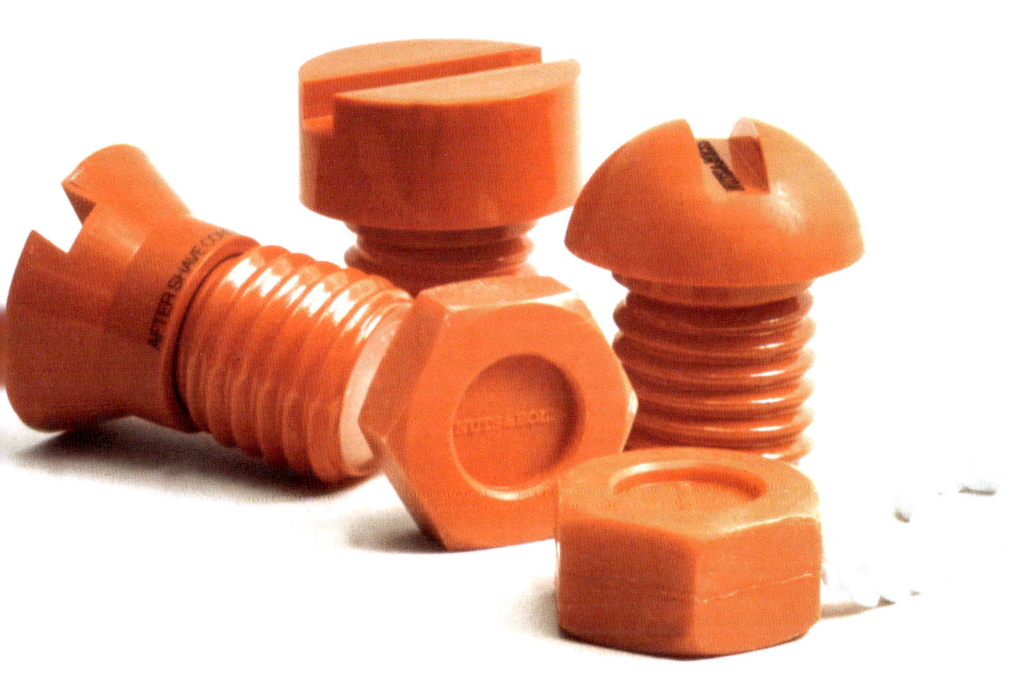

Textur

Licht ist der Herrscher über Form und Textur. Wenn wir das Licht beherrschen, können wir den Ausdruck jeder Sache bestimmen. Die grundlegenden Phänomene von Reflexion und Absorption sollte man beim Gestalten eines Objekts mit einbeziehen. Glas wird seine Farbe zeigen, wenn Licht durch es hindurchfällt. Oder es fängt das Licht ein, sobald die Glasoberfläche satiniert, graviert oder auf andere Weise mit einer Textur versehen ist. Ein Objekt aus Silber wird das Licht reflektieren, sobald es poliert ist, das Licht aber schlucken, wenn es graviert ist. Jede glänzende Oberfläche reflektiert Licht, jede matte Oberfläche schluckt Licht. Das gilt für jedes Material, selbst für Papier. Ein poliertes Material hat zudem vollkommen andere, mitunter entgegengesetzte Konnotationen als eine matte Oberfläche – die Assoziationen reichen von reich bis arm, von opulent bis zurückhaltend. Die Textur bietet eine unermessliche Bandbreite taktiler und visueller Wirkungen. Deshalb ist es für Gestalter unverzichtbar, ihre Wahrnehmung zu schulen, um mit diesem Medium umzugehen und es beherrschen zu können. Es ist die Wahl der Materialien und ihrer Oberfläche, durch die wir die Form eines Objekts zur Geltung bringen, durch die wir seine Aussage vermitteln, seine Angemessenheit hervorheben, seine Seele offenbaren. Jedes gestaltete Objekt, ja alles, dessen inneres Geheimnis darauf wartet, von uns enträtselt zu werden, wird durch das Zusammenspiel von Textur und Farben definiert, um unsere Wahrnehmung zu schulen und uns zu ermöglichen, es auf andere Bereiche zu übertragen.

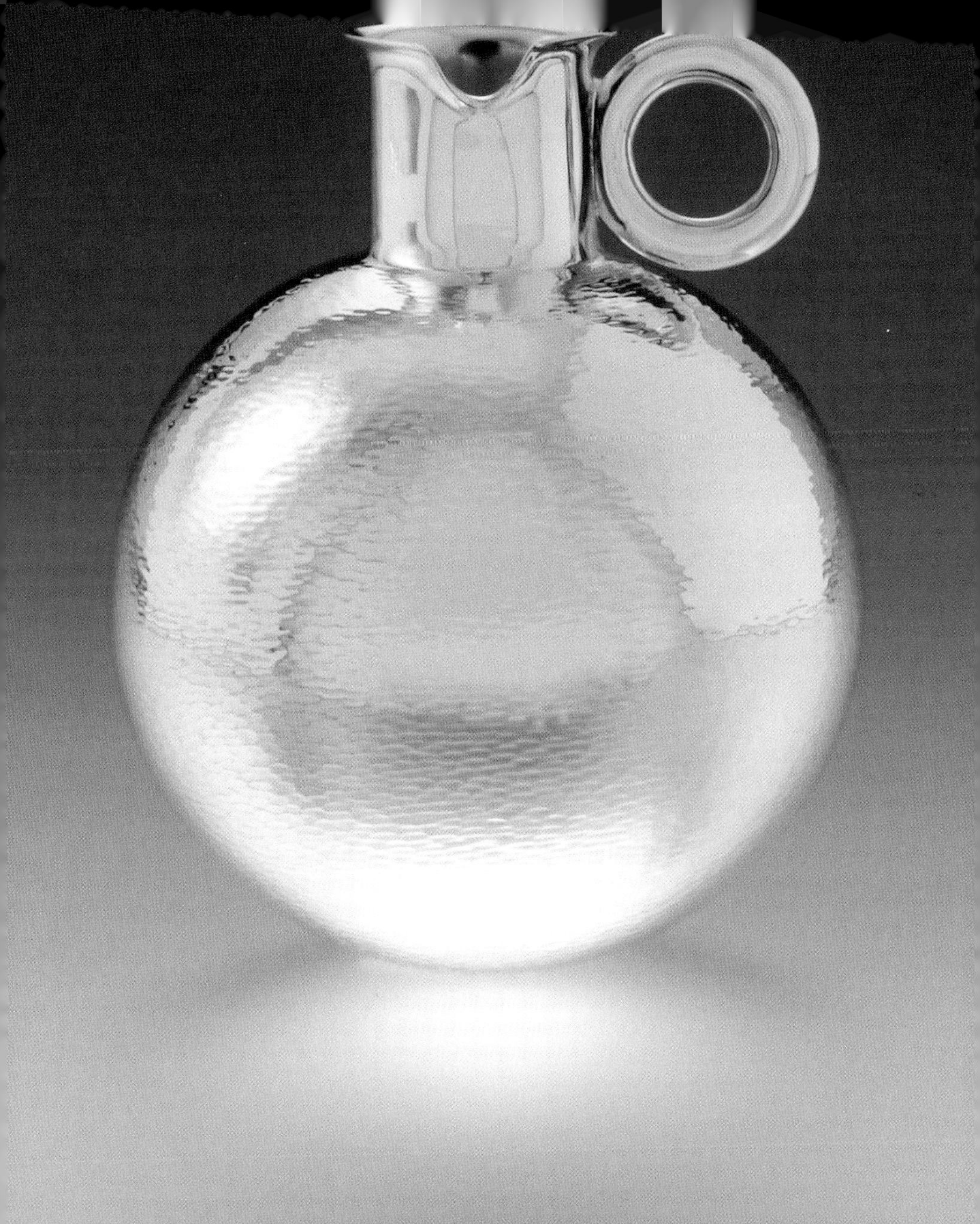

Farbe

Wir setzen Farbe meist als Signifikant, als Erkennungsmerkmal ein. Üblicherweise verwenden wir Farben nicht illustrativ. Deshalb arbeiten wir auch am liebsten mit Primärfarben, einer Palette aus Rot, Blau und Gelb. Das mag wie eine Einschränkung erscheinen. Es bedeutet jedoch nicht, dass wir Farben nicht mögen oder kein Gespür für sie haben. Es bedeutet ganz einfach, dass wir Farbe in erster Linie dazu nutzen, eine Botschaft zu vermitteln, und sie deshalb eher als Symbol oder Erkennungsmerkmal einsetzen. Das trifft besonders auf Corporate-Identity-Systeme zu, wo Chromotypen zu Kennzeichen werden, ebenso wie Logotypen oder andere Stilmittel (Morphotypen, Phonotypen etc.).

Wir haben das gesamte Farbspektrum genutzt, um Stimmungen, Emotionen, Leidenschaften, Konnotationen und anderes mehr zum Ausdruck zu bringen. Farbe spielt eine sehr wichtige Rolle bei der Konzeption unserer Projekte, doch wie bei den Schriften haben wir unsere Palette bewusst reduziert und gegliedert, um die jeweilige Botschaft so klar und verständlich wie möglich zu vermitteln. Es gibt Fälle, in denen kräftige Primärfarben gefragt sind, und Fälle, die zarte Pastelltöne erfordern; Fälle, in denen man nur Schwarz und Weiss braucht, und andere, für die intensive Brauntöne und warme Farben dem Thema eher angemessen sind. Angemessenheit ist eine der Regeln, die wir bei der Farbwahl befolgen, denn wir wissen, wie wirkungsvoll es sein kann, die richtige Farbe zur richtigen Zeit anzuwenden.

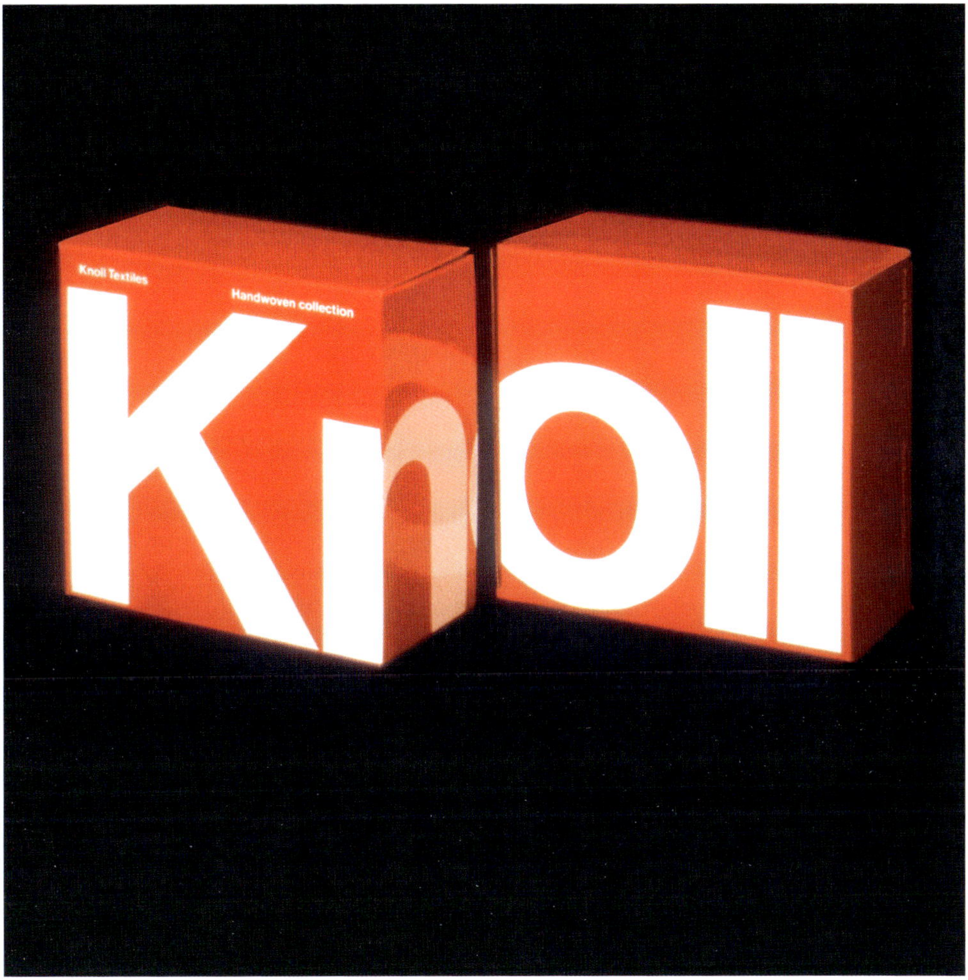

Knoll Textiles
Handwoven collection
Knoll

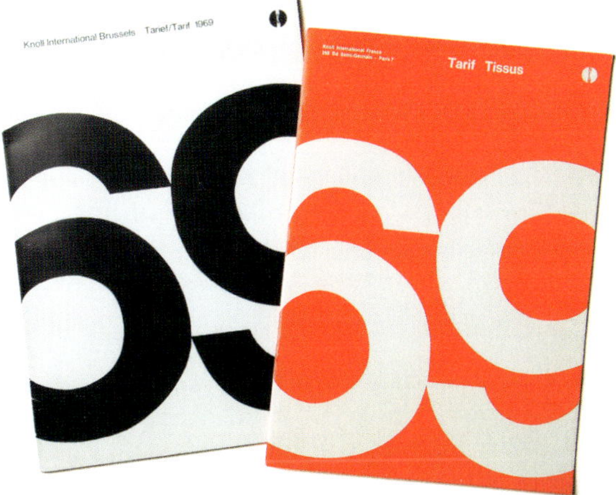
Knoll International Brussels Tarief/Tarif 1969
69
Knoll International France
Tarif Tissus
69

Layouts

Jede Publikation stellt andere Anforderungen an das Layout. Dennoch spiegelt das Layout unweigerlich die Interpretation des Gestalters wider. Die meisten Publikationen bestehen aus Text, Bildern und Bildunterschriften. Es ist Aufgabe des Designers, das Bildmaterial zu sichten und die Abbildungen auszuwählen, die die Kernaussage am besten wiedergeben und das Potenzial zur Ikone haben.

Eine Ikone ist ein Bild, das seinen Gehalt auf eindrücklichste Weise kommuniziert.

Auch hier gilt: Bei der Gestaltung einer Publikation ist der Raster das nützlichste Hilfsmittel. Nachdem die Aussenstege angelegt sind (ich bevorzuge schmale Stege, um die Spannung zu erhöhen), sollte man den Raster je nach Art der Publikation definieren: zwei, drei oder vier Spalten für ein Buch oder eine Broschüre, sechs oder mehr für eine Zeitung. Sobald die Anzahl vertikaler Unterteilungen entschieden ist, folgt die horizontale Gliederung. Sie bestimmt die Zahl der Module pro Seite: auch hier wieder zwei, drei, vier, fünf, sechs, acht oder mehr, je nachdem, wie viel Varianz die Publikation erfordert. Bei quadratischen Abbildungen ist ein quadratischer Raster vermutlich eher geeignet als ein rechteckiger, der gut zu rechteckigen Abbildungen passt. Falls die Publikation durchgehend zweierlei Formate vorsieht, lässt sich auch ein doppelter Raster anlegen, der beiden Fällen gerecht wird. Andernfalls sollten die Bilder wenn möglich dem Raster entsprechend beschnitten werden.

Wir sollten nicht vergessen, dass es eine Menge Hilfsmittel gibt, Layouts spannend zu gestalten. Zweck des Rasters hingegen ist es, einem Layout Kontinuität zu verleihen, und nicht, für Spannung zu sorgen. Diese entsteht ohnehin durch das Zusammenspiel aller gestalterischen Elemente. Bilder mit Rahmenlinien, Strichzeichnungen oder auffällige Kapitälchen können eine Seite auflockern, ebenso wie zahlreiche weitere Stilmittel. Auch ohne Raster lassen sich grossartige Layouts erstellen, doch er ist ein ausgesprochen nützliches Werkzeug, um gute Ergebnisse zu erzielen. Letztlich ist das wichtigste gestalterische Mittel die Gestaltung des Weissraums im Layout. Es ist der Weissraum, der dem Layout Luft verschafft. Schlechte Layouts lassen keine Luft zum Atmen – noch das letzte Eckchen ist mit einer Kakofonie verschiedener Schriftgrössen, Bilder und kreischender Überschriften übersät.

Bei reinen Lesebüchern entspringt die Anlage der Stege anderen Überlegungen – von der Position der Daumen beim Halten des Buchs bis hin zur Gesamtgestaltung der Textspalten oder zum Platz für Randnotizen (des Autors oder Lesers). Manche dieser Überlegungen sind praktischer, andere ästhetischer Natur. Wir haben die unterschiedlichsten Bücher gestaltet und es dabei mit einer Vielzahl von Anforderungen und Situationen zu tun gehabt. Es ist wichtig, selbst kleinsten Details Aufmerksamkeit zu schenken, etwa der angemessensten Anlage der Stege. Jedes Detail ist wichtig, um ein gutes Gesamtbild zu erreichen.

Ich habe diese Grundregeln auf eine nicht enden wollende Liste von Publikationen angewendet – von Broschüren über Jahresberichte, von Büchern zu Enzyklopädien, von Zeitschriften zu Zeitungen, von Programmheften bis hin zu Plakaten – und ich tue es nach wie vor mit vorzeigbaren Resultaten.

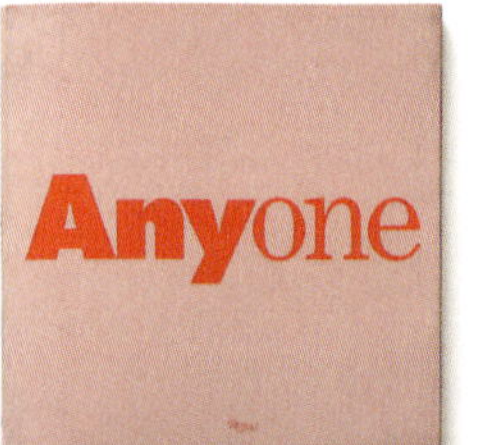
Anyone

Anyone

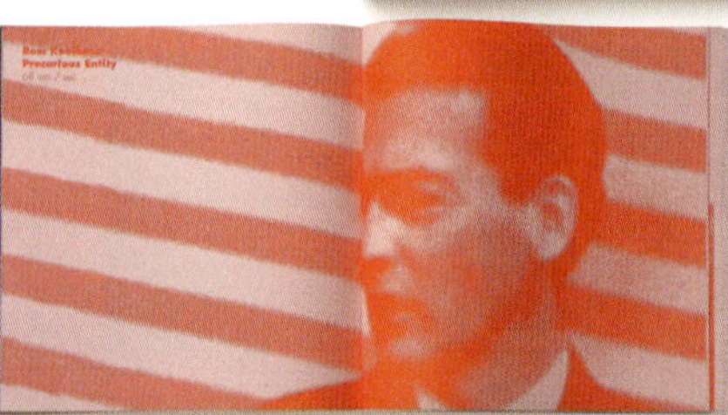
Rem Koolhaas
Precarious Entity

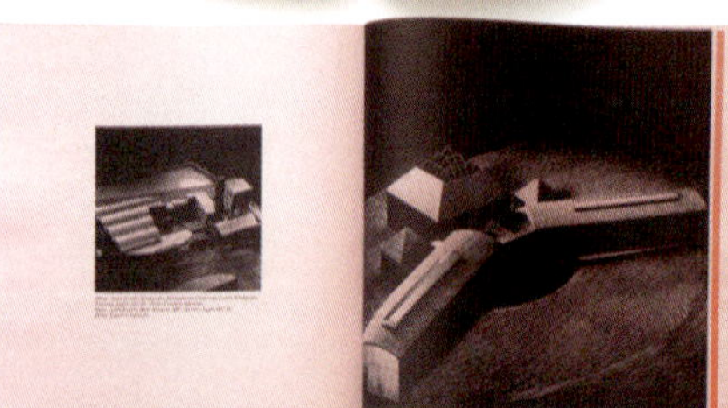

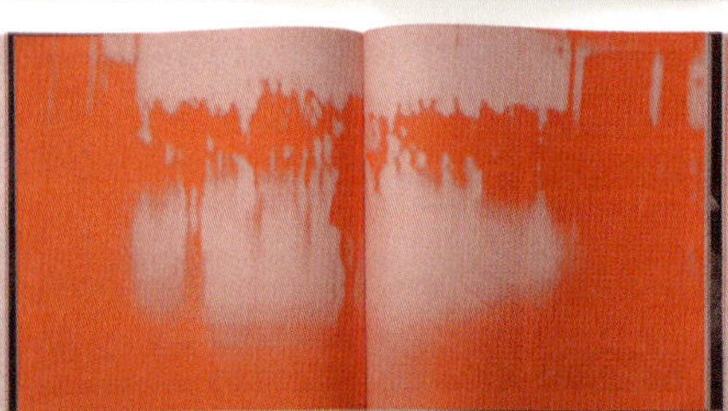

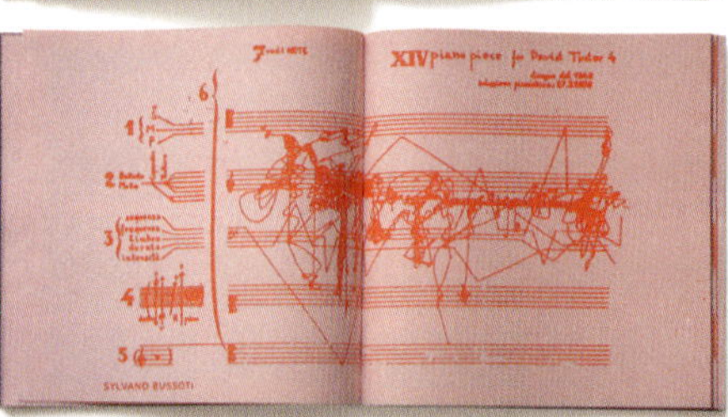
XIV piano piece for David Tudor 4
SYLVANO BUSSOTI

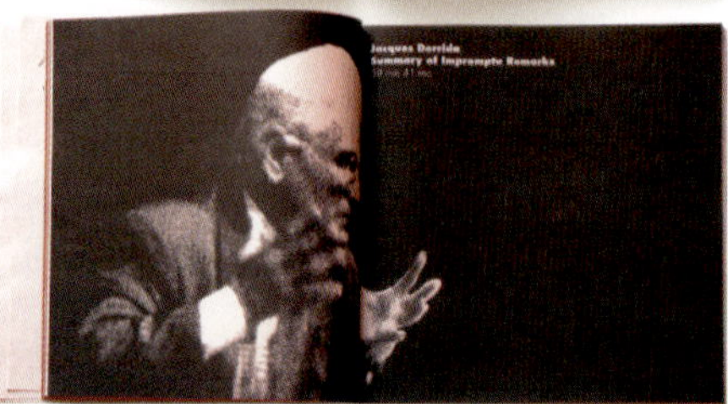
Jacques Derrida
Summary of Impromptu Remarks

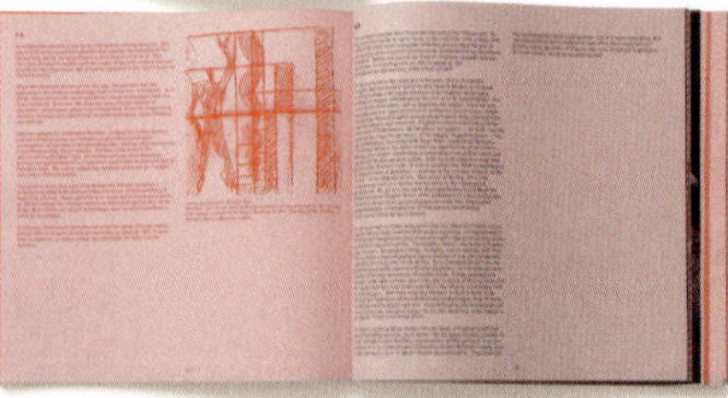

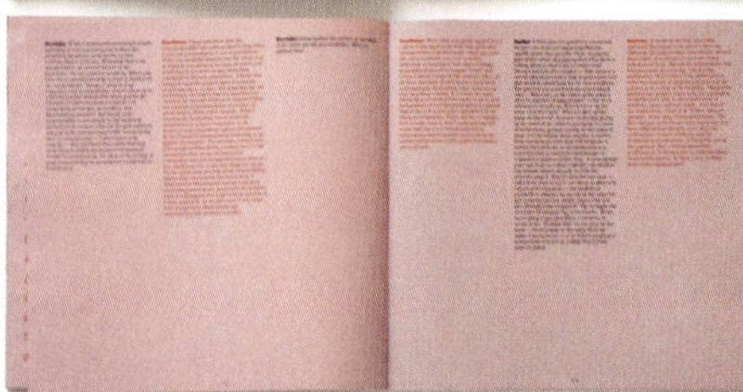

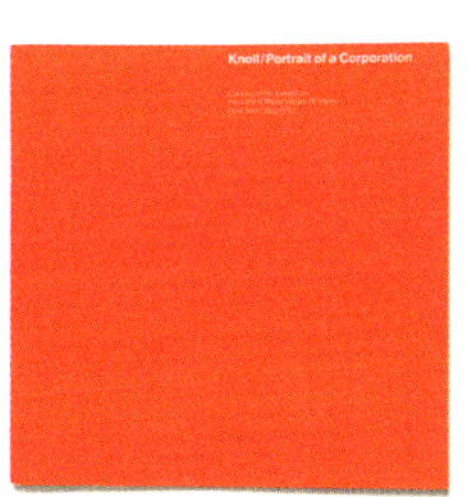
Knoll/Portrait of a Corporation

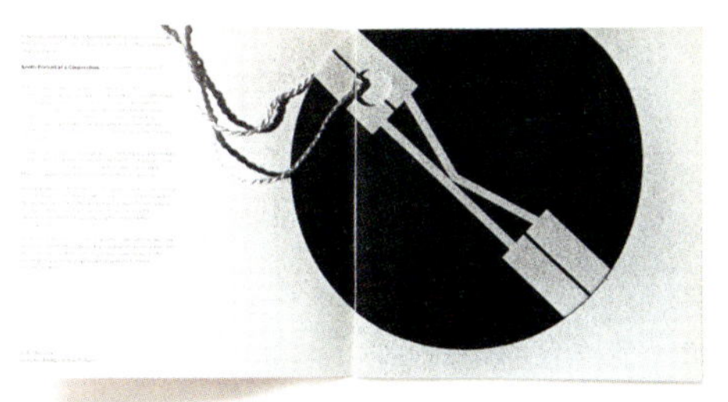

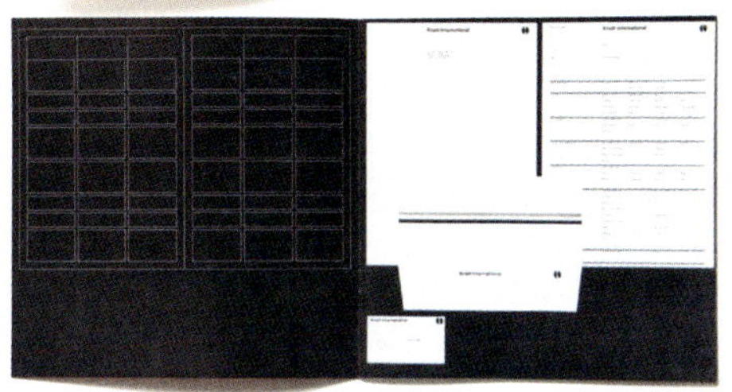

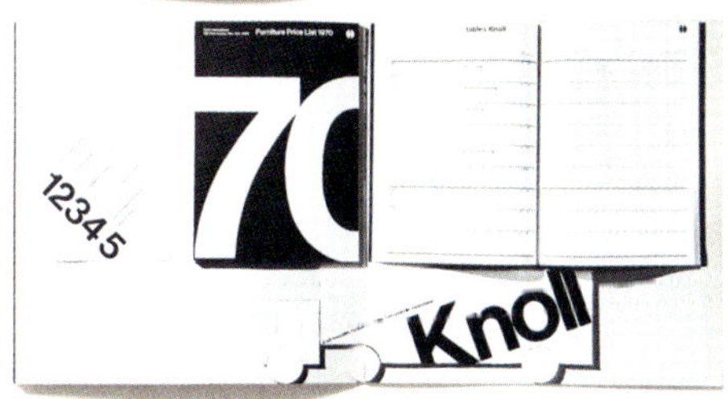
Furniture Price List 1970
70
12345
Knoll

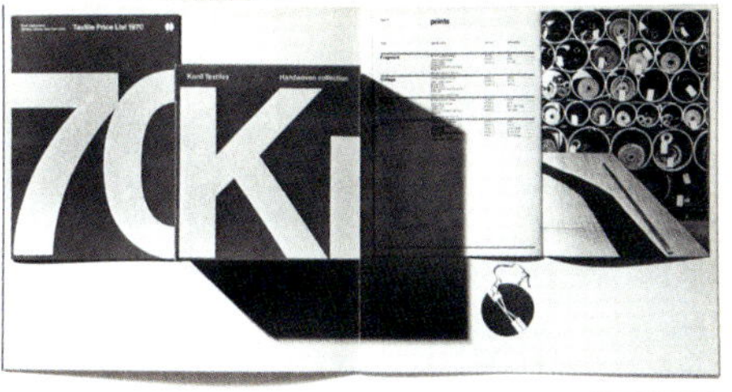
Textile Price List 1970
70
Knoll Textiles
Handwoven collection
K

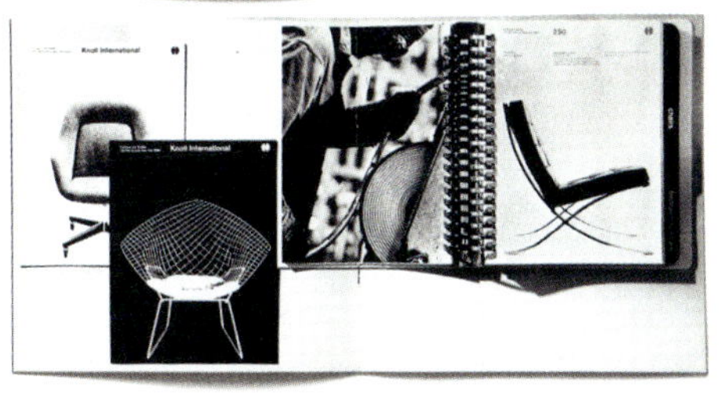
Knoll International
Knoll International

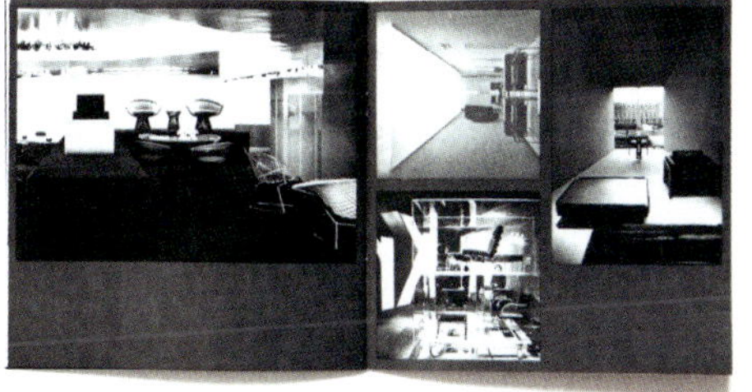

Sequenz

Nach der Sichtung des Bildmaterials, der ersten Aufgabe bei der Gestaltung einer Publikation, ist die Sequenz zweifellos die nächste.

Eine Publikation, ob nun Zeitschrift, Buch, Broschüre oder gar Boulevardblatt, ist ein kinematografisches Objekt: Das Umblättern der Seiten ist integraler Bestandteil der Leseerfahrung. Eine Publikation ist ebenso das statische Erleben einer Doppelseite wie die kinematografische Erfahrung einer Seitensequenz. Deshalb messen wir diesem Aspekt beim Layouten grosse Bedeutung bei. Wir mögen ausdrucksstarke Layouts. Unstrukturierte Layouts mit kleinen, über die Seiten verstreuten Abbildungen gefallen uns nicht – ganz ungezwungen hier und dort ein bisschen angeschnitten. Wir mögen eher ein Layout, das im Auge des Betrachters fast verschwindet. Wir würden sagen, wenn man das Layout sieht, ist es vermutlich ein schlechtes.

Wir bevorzugen für das Buchlayout ein sehr schlichtes Format: Eine Textseite neben einer seitenfüllenden Abbildung, gefolgt von einer randabfallenden Bilddoppelseite, danach ein ganzseitiges Bild neben einer weissen Seite mit einer einzelnen Abbildung – mittig oder oben rechts platziert. Ein einfaches Format führt zu zufriedenstellenden Ergebnissen, sofern die Grundsequenz nicht repetitiv umgesetzt wird. Tatsächlich wird die Publikation selbst dafür sorgen, dass dieser Ansatz nicht monoton wirkt. Wir sehen lieber solch neutrale Ansätze als die Aufdringlichkeit, die viele Layouts besitzen. Aber andererseits soll der kreative Prozess auch hier wieder Raum für jedermann bieten.

Manchmal gestalten wir kleine Postwurfsendungen gern so, dass sie aufgefaltet ein Plakat ergeben. In solchen Fällen bestimmt die Art der Faltung die Sequenz von Emotion und Information.

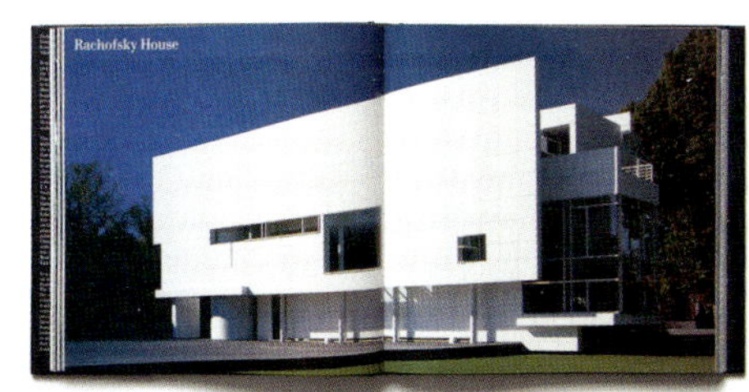
Rachofsky House

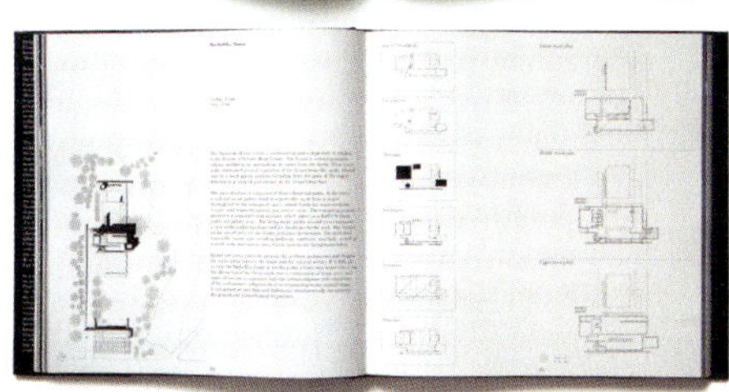

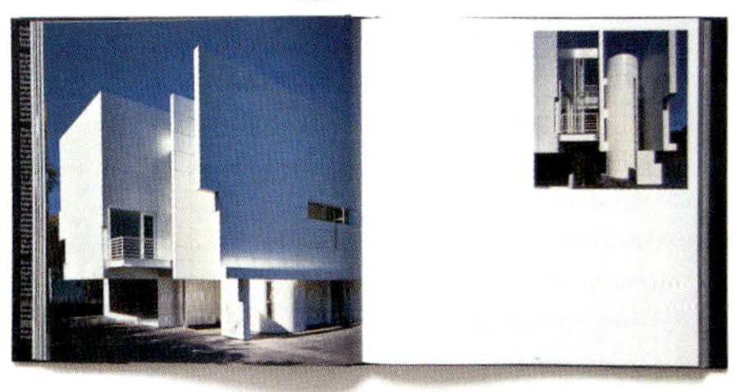

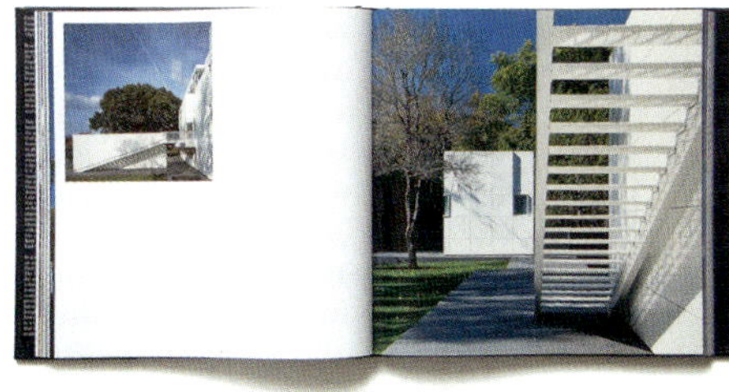

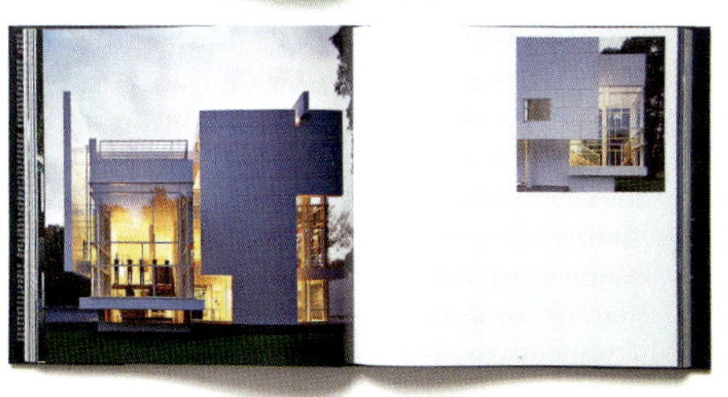

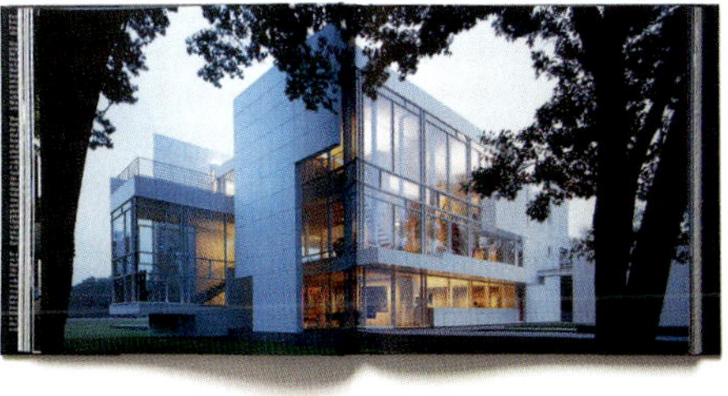

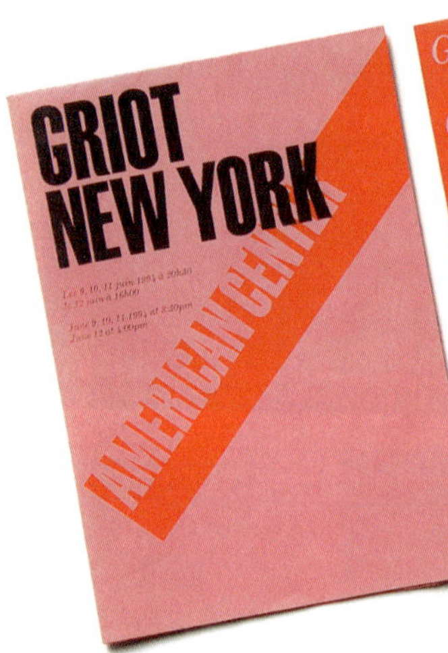

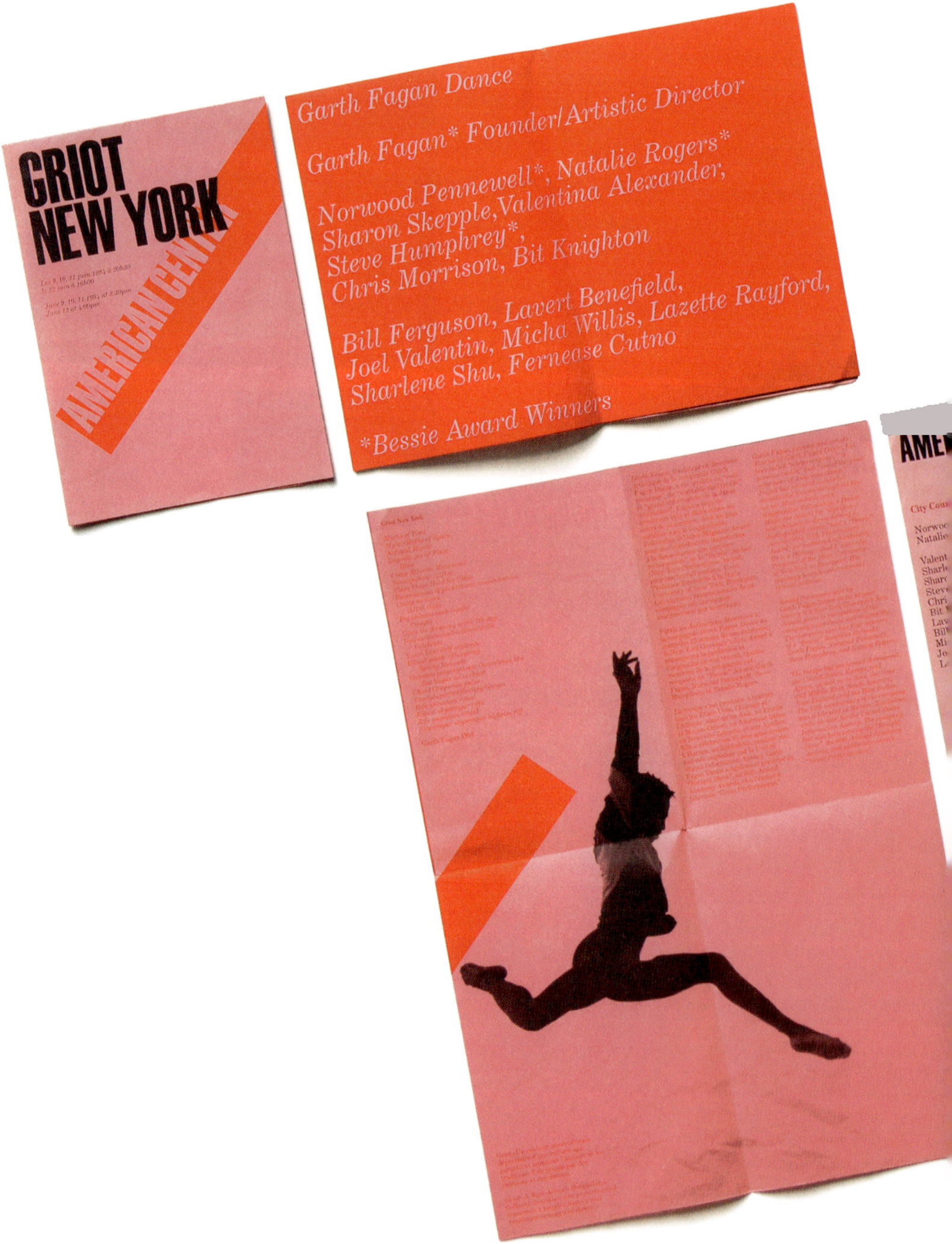

Garth Fagan Dance

Garth Fagan* Founder/Artistic Director

Norwood Pennewell*, Natalie Rogers*
Sharon Skepple, Valentina Alexander,
Steve Humphrey*,
Chris Morrison, Bit Knighton

Bill Ferguson, Lavert Benefield,
Joel Valentin, Micha Willis, Lazette Rayford,
Sharlene Shu, Fernease Cutno

*Bessie Award Winners

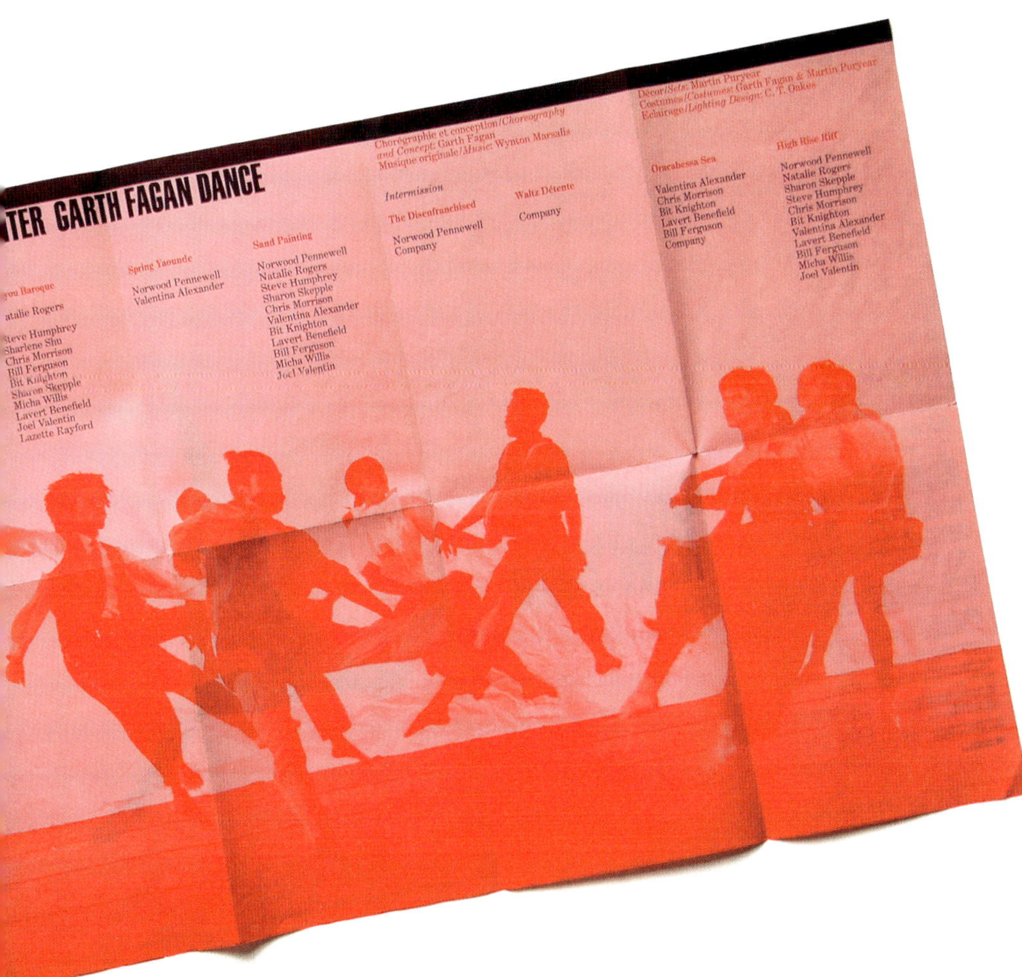
TER GARTH FAGAN DANCE
you Baroque
atalie Rogers
Steve Humphrey
Sharlene Shu
Chris Morrison
Bill Ferguson
Bit Knighton
Sharon Skepple
Micha Willis
Lavert Benefield
Joel Valentin
Lazette Rayford
Spring Yaounde
Norwood Pennewell
Valentina Alexander
Sand Painting
Norwood Pennewell
Natalie Rogers
Steve Humphrey
Sharon Skepple
Chris Morrison
Valentina Alexander
Bit Knighton
Lavert Benefield
Bill Ferguson
Micha Willis
Joel Valentin
Chorégraphie et conception/Choreography
and Concept: Garth Fagan
Musique originale/Music: Wynton Marsalis
Intermission
The Disenfranchised
Norwood Pennewell
Company
Waltz Détente
Company
Décor/Sets: Martin Puryear
Costumes/Costumes: Garth Fagan & Martin Puryear
Eclairage/Lighting Design: C. T. Oakes
Oracabessa Sea
Valentina Alexander
Chris Morrison
Bit Knighton
Lavert Benefield
Bill Ferguson
Company
High Rise Riff
Norwood Pennewell
Natalie Rogers
Sharon Skepple
Steve Humphrey
Chris Morrison
Bit Knighton
Valentina Alexander
Lavert Benefield
Bill Ferguson
Micha Willis
Joel Valentin

Bindung

Man kann nicht über Bücher sprechen, ohne die Bindung zu erwähnen. Die Bindung eines Buchs oder einer Broschüre trägt zur finalen Qualität des Produkts bei. Es gibt verschiedene Komponenten bei der Bindung, und entsprechende Entscheidungen sind zu fällen:

Buchdeckel Falls der Buchdeckel mit Papier bezogen werden soll, empfiehlt sich satinierter Karton, um eine geschmeidige Oberfläche zu erreichen. Soll der Buchdeckel mit Stoff oder Leder bezogen werden, reicht wahrscheinlich einfache Graupappe.

Rücken Der Rücken kann rund oder eckig sein. Uns gefällt der eckige besser, weil er dem Buch eine klarere Optik verleiht.

Kapitalband Es wird abschliessend zwischen Buchrücken und Buchblock geklebt. Es gibt zahlreiche Varianten, uns gefällt schlichtes Weiss am besten.

Vorsatzpapier Dieser Teil verbindet Buchblock und Buchdeckel und ist üblicherweise aus stärkerem Papier gefertigt als der Buchblock. Es kann einfarbig bedruckt, gemustert oder illustriert sein. Früher hat man hierfür sehr aufwendige Papiere verwendet.

Sandwich In der Anfangszeit meiner Laufbahn entwickelte ich eine Bindung, die ich «Sandwich» nannte. Sie besteht vorn und hinten aus Graupappe oder einem anderen beliebigen Material, das man mit dem Vorsatzpapier verklebt. Der Rücken besteht aus Leinen (in der Regel weiss), auf den der Titel heissgeprägt wird. Das Endergebnis wirkt wie zwei graue Pappdeckel, die einen Stapel weisses Papier umschliessen, deshalb der Name Sandwich-Bindung. Inzwischen ist sie gängig. Manchmal sind die Buchdeckel bedruckt oder die Pappe ist bezogen. Ein Hauptgrund für diese Bindung ist die Möglichkeit, das Buch ganz flach zu öffnen – was besonders bei illustrierten Büchern angenehm ist, sobald sie doppelseitige Abbildungen haben.

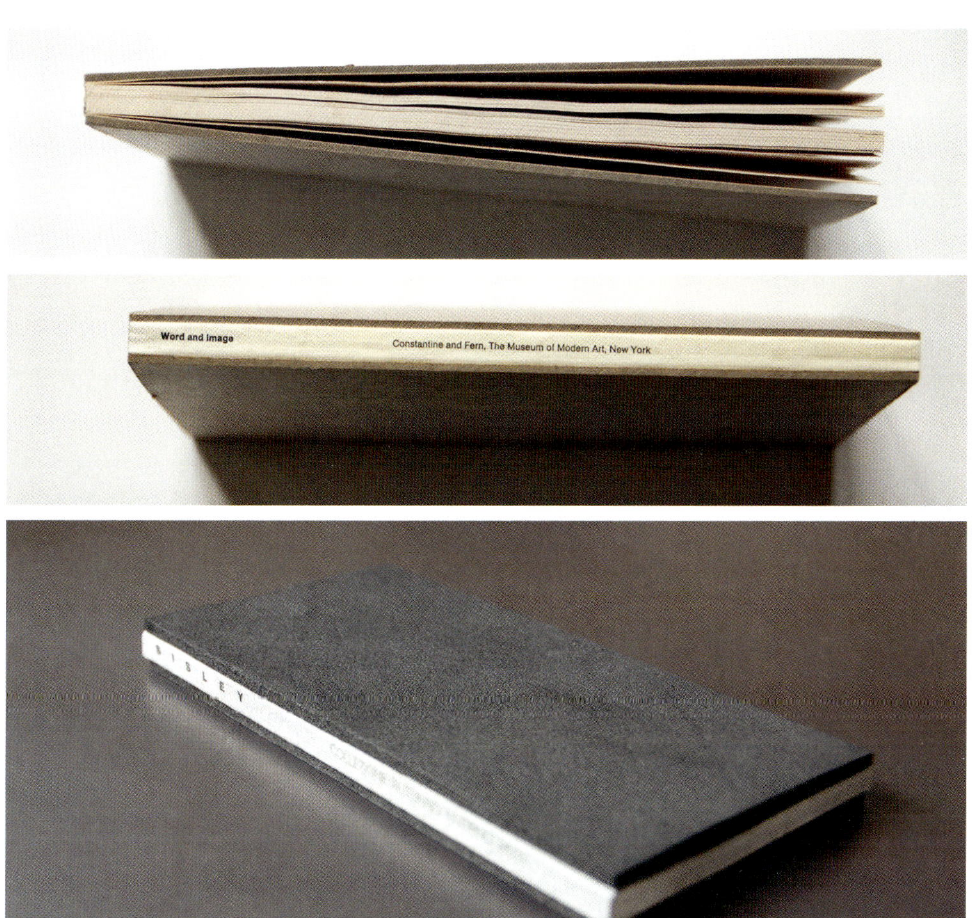
Word and Image
Constantine and Fern, The Museum of Modern Art, New York
B I S L E Y

Identität und Diversität

Identität und Diversität sind wiederkehrende Themen im Grafik- wie im Produktdesign. Entwickelt man eine Corporate Identity, ist Diversität gefragt, um Gleichförmigkeit zu vermeiden und die Aufmerksamkeit zu erhöhen. Zu viel Diversität jedoch führt zu Fragmentierung – eine weit verbreitete Krankheit von schlecht gestaltetem Kommunikationsdesign. Zu viel Identität hingegen führt zu visuellen Redundanzen und mangelnder Einprägsamkeit. Deshalb sollte man ein gesundes Gleichgewicht zwischen beiden Polen finden und bei gestalterischen Lösungen ausreichend Flexibilität einplanen, um derartige Fallen zu umgehen. Wir spielen gern mit diesen Elementen. Wir entwerfen gern ausdrucksstarke Corporate-Identity-Systeme, die genug Spielraum für Varianten bieten, ohne den Wiedererkennungseffekt zu gefährden. Ein typisches Beispiel hierfür ist eine Buchreihe, bei der die grundlegenden Erkennungszeichen konstant bleiben, die jeweiligen Coverabbildungen jedoch variieren. Auch beim Entwurf von Möbeln beziehen wir den Nutzer gern ein, um das endgültige Aussehen des Objekts festzulegen. Bei manchen von uns entworfenen Tischen gibt es Varianten in der Anordnung einzelner Elemente, die Diversität ermöglichen, ohne die Identität des Entwurfs in Mitleidenschaft zu ziehen.

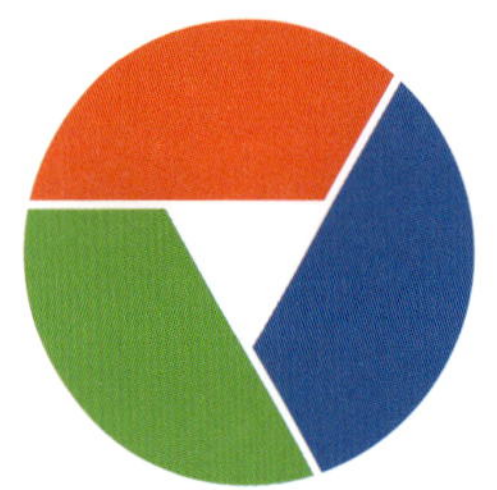

Identität und Diversität – ein zentrales Gegensatzpaar, das Design lebendig macht.

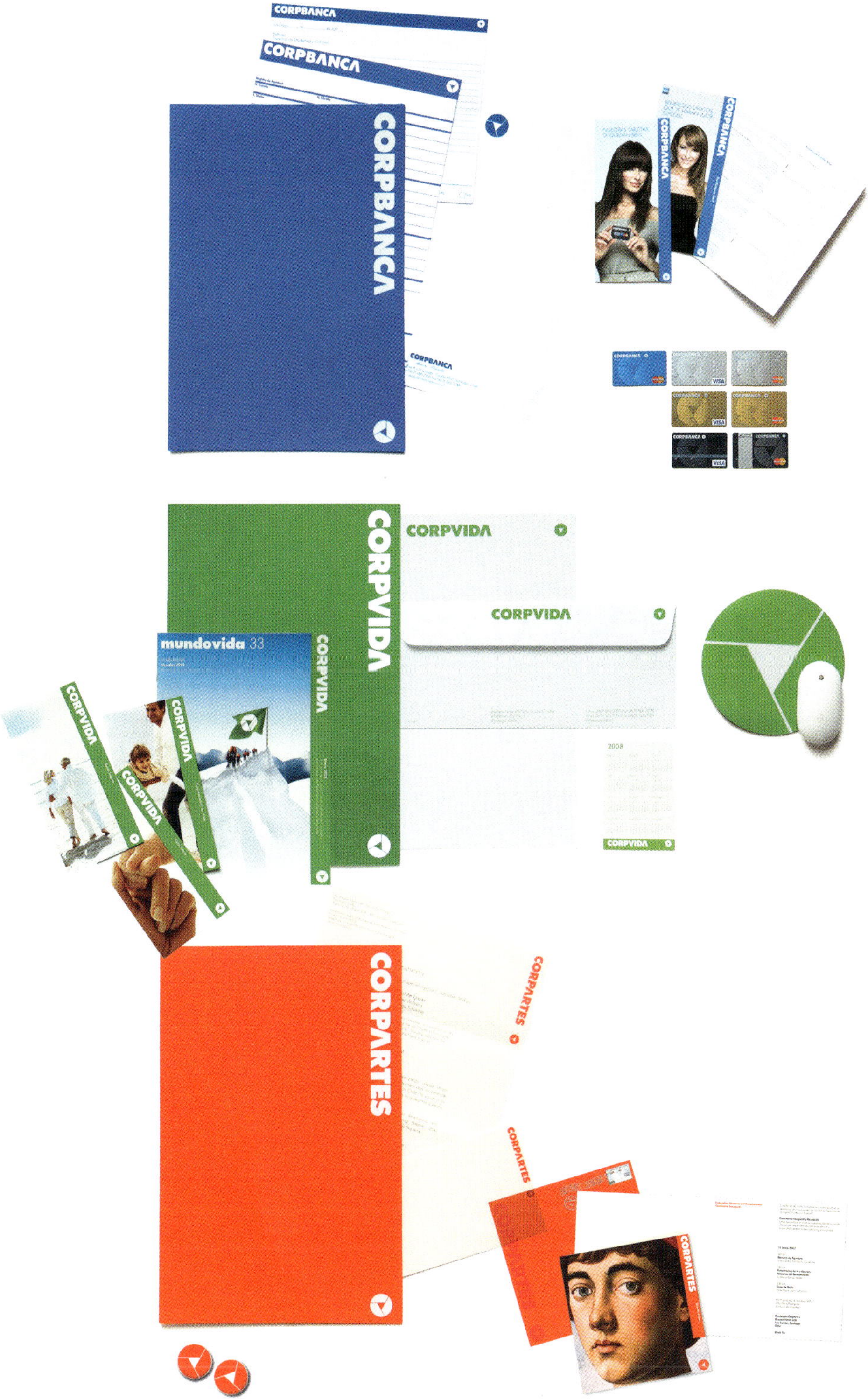

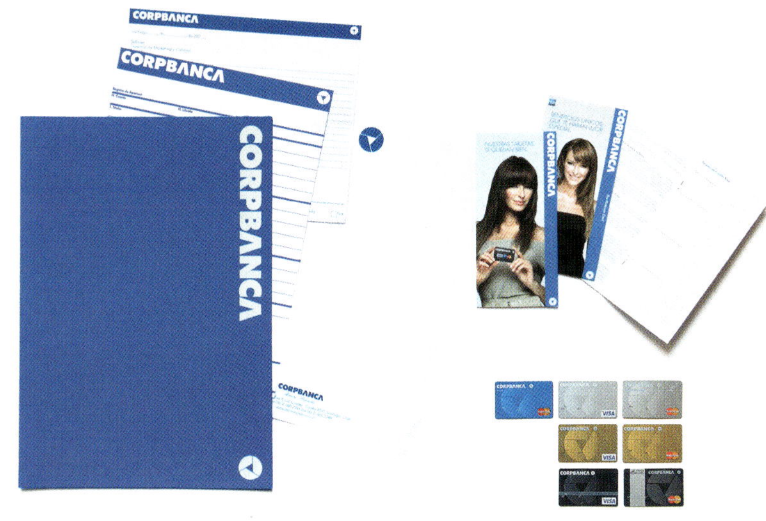
CORPBANCA
CORPBANCA
CORPBANCA
CORPBANCA
CORPBANCA

CORPVIDA
CORPVIDA
CORPVIDA
mundovida 33
CORPVIDA
CORPVIDA
CORPVIDA
CORPVIDA
2008
CORPVIDA
CORPARTES
CORPARTES
CORPARTES
CORPARTES

Weissraum

Ich sage oft, dass der Weissraum in der Typografie wichtiger ist als das Schwarz der Schrift. Der Weissraum auf der gedruckten Seite ist das Pendant zum Raum in der Architektur. In beiden Fällen ist der Raum das Element, das den jeweiligen Kontext vorgibt. Natürlich braucht man eine Struktur, die alles zusammenhält, wenn man Informationen organisieren will, doch sollte man die Bedeutung des Weissraums nicht unterschätzen. Mit seiner Hilfe lässt sich die Hierarchie der Elemente umso besser darstellen. Der Weissraum trennt nicht nur die verschiedenen Komponenten des Inhalts, sondern hilft auch, die Botschaft im Gesamtkontext der Seite zu positionieren. Knappe Stege sorgen für Spannung zwischen Text, Bildern und Seitenrändern. Grosszügigere Stege reduzieren die Spannung und geben der Seite eine gewisse Ruhe. Durch einen engen Satz werden Worte zu Linien, während ein lockerer Satz Worte zu Punkten auflöst. Engere oder weitere Spationierung (Unterschneidung) der Buchstaben gibt den Worten spezifischen Charakter und Ausdruck. All das ist im Grunde Manipulation des Raums, ein Stilmittel, um dem Layout einen bestimmten, gewünschten Ausdruck zu verleihen. Das Verhältnis der Schriftgrösse zum umgebenden Raum ist einer der subtilsten und wertvollsten Aspekte gestalterischer Komposition. In meinen Augen ist der meisterliche Umgang mit dem Weissraum das vielleicht herausragendste Merkmal des amerikanischen Grafikdesigns. Ganz so, wie der Raum auch in Frank Lloyd Wrights Architektur eine herausgehobene Rolle spielt. In gewisser Weise hat das vielleicht mit der epischen Weite der amerikanischen Landschaft zu tun.

Für viele Künstler stellt der Weissraum das grundlegende kompositorische Element dar. Er ist ein entscheidendes Kriterium und der Protagonist des Gesamtbilds.
Fast alle grossen amerikanischen Grafikdesigner haben den Weissraum als bedeutungstragende Stille zu nutzen gewusst, um ihre Botschaft umso lauter und deutlicher zu Gehör zu bringen. Diese Kraft besitzt der Weissraum.

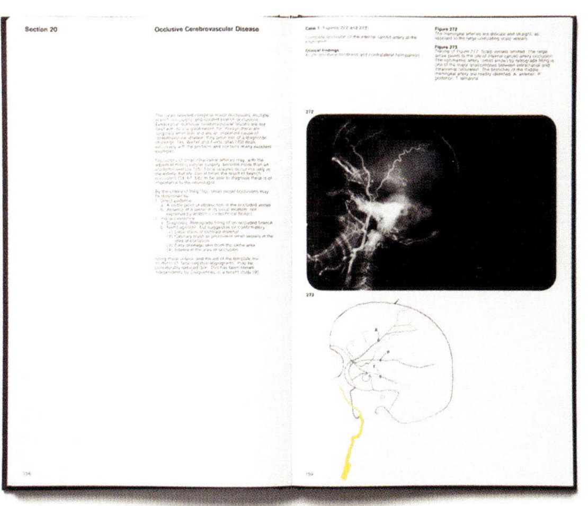
Section 20
Occlusive Cerebrovascular Disease

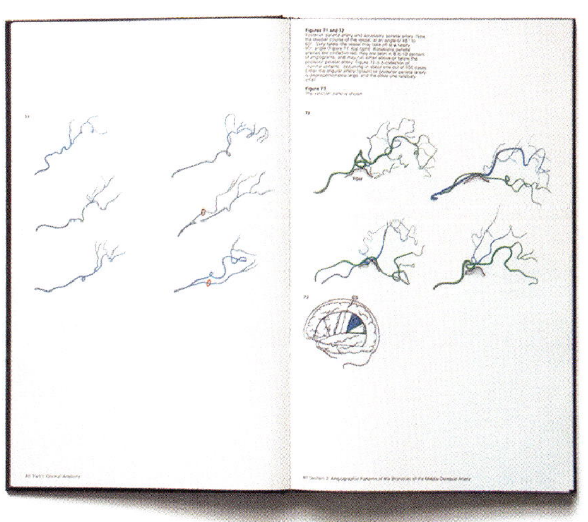

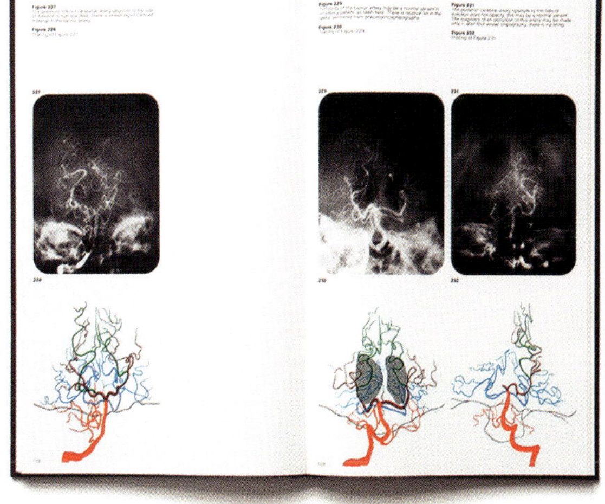

Gesammelte Erfahrungen

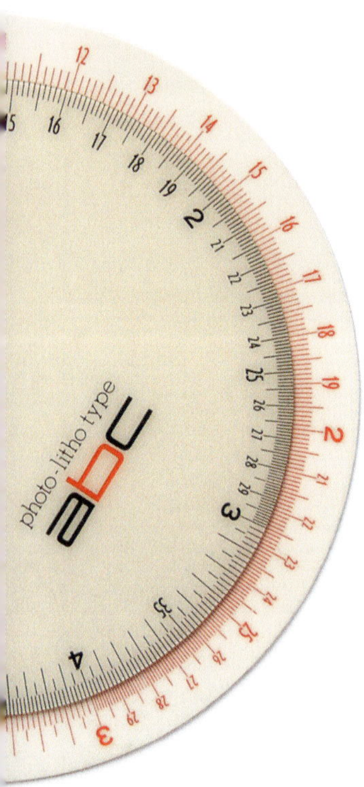

Schon sehr früh wurde uns klar, dass modulare und Standardformate Vorteile haben. Sie sparen nicht nur Kosten, sondern sind auch gut lesbar. Die Verwendung standardisierter, modularer Papierformate in der Druckindustrie kann erhebliche Kostenersparnisse generieren. Als wir bei einem Projekt für den National Park Service die verwendeten Papierformate standardisierten, ermöglichte das Einsparungen von Millionen Dollar – darauf sind wir stolz.

Auch im Produktdesign kann die Standardisierung der Grössen von Fertigungsmaterialien erhebliche Kostenvorteile mit sich bringen. Ungewöhnliche Masse hingegen sorgen für höhere Arbeitskosten und Materialverschnitt. Für Gestalter ist es von grösster Bedeutung, sich mit diesen Aspekten von Design und Fertigungsprozessen vertraut zu machen. Es ist Teil unserer Ethik wie auch unserer Formensprache. Teure Lösungen sind nie das Resultat guter Gestaltung, denn Sparsamkeit ist ein Kernaspekt des gestalterischen Ausdrucks. Doch Sparsamkeit ist nicht gleichbedeutend mit billigem Design. Sparsamkeit in der Gestaltung meint die jeweils angemessenste und schlankste Lösung einer Aufgabenstellung. Komplizierte Lösungen sind nie gut oder langlebig. Qualität muss nicht teurer sein als billige Lösungen. Gutes Design kostet nicht mehr als schlechtes Design. Sehr oft ist das Gegenteil der Fall.

Im Laufe eines Lebens konnten wir kontinuierlich Erfahrungen mit Einzelaspekten eines ganzen Spektrums sammeln, vom Durchmesser eines Rohrs bis hin zur Textur und Farbe unterschiedlichster Materialien. Dieser Beobachtungs- und Auswahlprozess liess nach und nach ein Repertoire entstehen, das unsere Auswahl und Vorlieben reflektiert. Letztendlich entstand hieraus ein persönlicher Kanon – der wiederum zu einem wiederkehrenden Element in unserem gestalterischen Vokabular wurde.

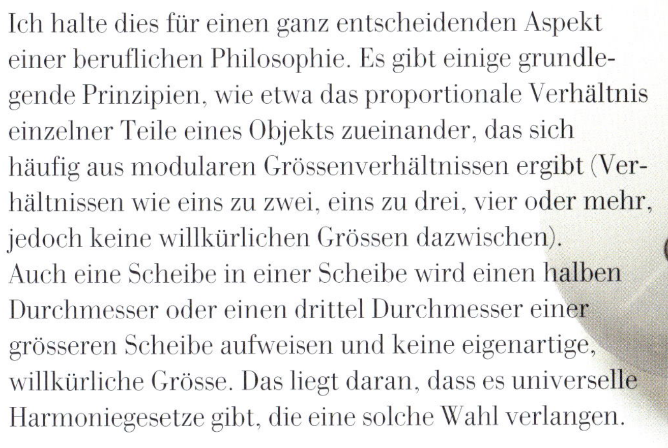

Ich halte dies für einen ganz entscheidenden Aspekt einer beruflichen Philosophie. Es gibt einige grundlegende Prinzipien, wie etwa das proportionale Verhältnis einzelner Teile eines Objekts zueinander, das sich häufig aus modularen Grössenverhältnissen ergibt (Verhältnissen wie eins zu zwei, eins zu drei, vier oder mehr, jedoch keine willkürlichen Grössen dazwischen). Auch eine Scheibe in einer Scheibe wird einen halben Durchmesser oder einen drittel Durchmesser einer grösseren Scheibe aufweisen und keine eigenartige, willkürliche Grösse. Das liegt daran, dass es universelle Harmoniegesetze gibt, die eine solche Wahl verlangen.

Dieser Prozess, alles um uns herum zu sichten und eine Wahl zu treffen, bezieht sich auf alles, was uns umgibt – Farben, Texturen, Materialien. Er betrifft jedes Detail, Stärke, Breite und Höhe. Jeder unserer Sinne ist gefragt, doch letztendlich muss alles verarbeitet, analysiert, bewertet und schliesslich in unserem Gedächtnis gespeichert werden. Dies geschieht je nach persönlichem Kanon, nicht etwa willkürlich. Eine freie Wahl kann es nur geben, sofern man sich dieser Tatsachen bewusst ist. Es ist ein kontinuierlicher Prozess, der Struktur und Entschlossenheit braucht, nicht Zufälle.

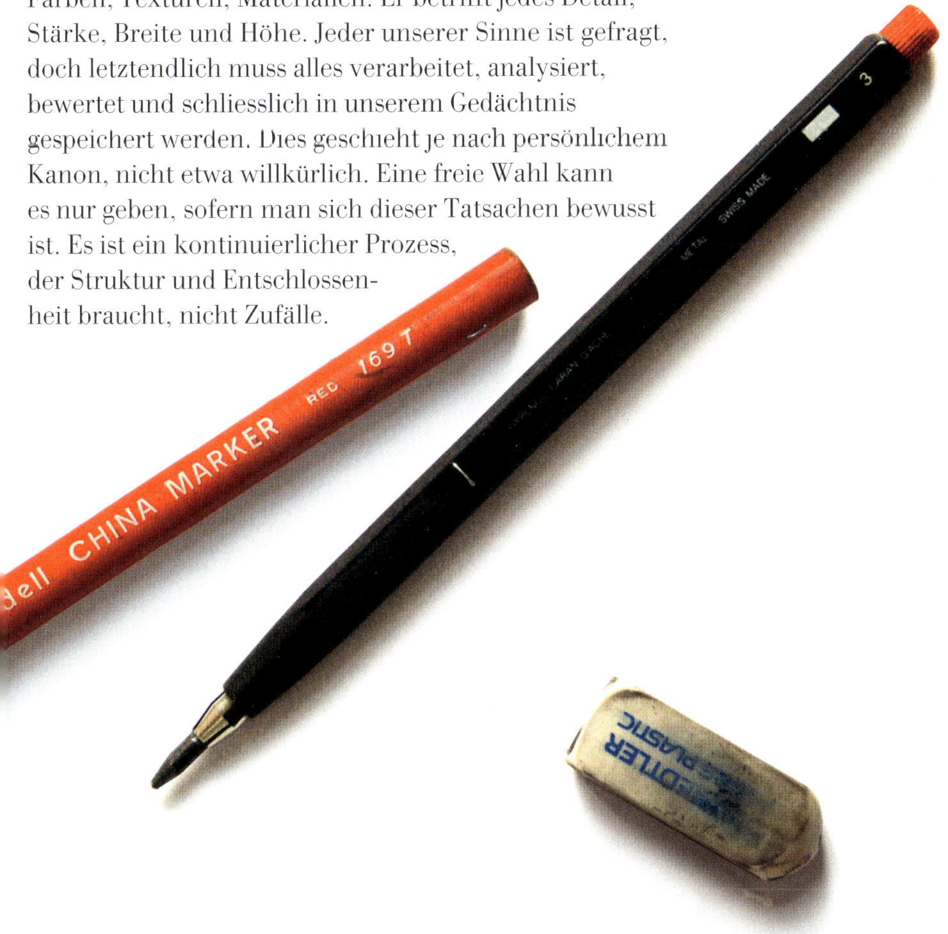

Fazit

Mein gesamtes Leben als Gestalter hindurch habe ich mir alles angesehen, um das auszuwählen, was ich für das Beste halte. Ich habe mir Materialien angesehen, um diejenigen zu finden, die mir am besten gefallen. Ich habe Farben, Texturen, Schriften, Bilder und vieles mehr angesehen und nach und nach ein Vokabular entwickelt, das auf Erfahrung beruht und mir erlaubt, eigene Lösungen für Probleme zu finden – meine Deutung der Wirklichkeit.

Für mich war es von äusserster Wichtigkeit, ein Vokabular für meine eigene Sprache zu entwickeln – eine Sprache, die den Versuch unternimmt, so objektiv wie möglich zu sein, wohl wissend, dass selbst Objektivität subjektiv ist.

Ich liebe Systeme und verachte das Zufällige.

Ich liebe Mehrdeutigkeit, weil Mehrdeutigkeit für mich die Pluralität des Sinns bedeutet. Ich liebe das Widersprüchliche, weil es für Bewegung sorgt und verhindert, dass Dinge auf eine Bedeutung reduziert werden oder zum Inbegriff von Stillstand werden.

Doch so sehr ich Dinge mag, die im Fluss sind, so sehr mag ich es, wenn sie einen konsistenten Bezugsrahmen haben, der mir bestätigt, dass schliesslich und endlich ich derjenige bin, der für jedes Detail verantwortlich ist.

Und deshalb liebe ich Design.